그러니까,
오늘도 나는
괜찮습니다

이영자
에세이

**그러니까,
오늘도 나는
괜찮습니다**

바람길

프롤로그

영화, 책 그리고 여행

　내 어릴 적에는 서점이나 극장이 흔하지 않았다. 책을 사거나 영화를 보려면 종로까지 나가야 했고, 그건 마음먹고 가야 할 큰일이었다. 엄마는 딸 하나를 어렵게 낳아 기르며 뭐든 다 해주고 싶어 하셨다. 혼자인 날 똑똑하게 키우겠다고 책 방문판매 하는 아저씨의 단골손님이 되었고 때마다 필요한 책을 공급해 주셨다. 다행히 나는 책 좋아하는 아이로 성장했다. 그 당시 매우 어려운 책을 사주시는 바람에 읽느라 애를 쓰기도 했고, 어떤 전집은 거의 새것처럼 해서 다시 아저씨에게 돌아가기도 했다. 그럼에도 기억해 보면 시멘트색의 종이에 질감도 거칠거칠해서 책을 넘길 때마다 "쓰윽"하는 투박한 소리가 났는데 그 소리가 참 좋았다. 잘 넘어가지 않는 책장을 침을 묻혀가며 넘길 때 느끼던 손의 감촉도 기억한다. 어려운 책일수록 읽기 싫다는 감정보다는 다 읽고 난 뒤의 희열이 먼저 떠오른다. 그만큼 책은 나에게 행복을 주는 친구이자 생각할 줄 아는 기본을 가르쳐 준 스승이었다.

서사를 좋아했던 나는 텔레비젼의 '주말의 명화'로 〈The Sound Of Music〉이나 극장에서 상영하는 애니메이션 〈똘이장군〉 같은 영화도 종종 봤는데, 영화의 웅장하고 때론 따스한 감동이 생각의 바탕이 되어 마음을 풍성하게 채우는 밑바탕이 되었다. 12살의 초등학교 시절, 스티븐 스필버그의 〈E.T.〉라는 영화가 개봉했는데 이모를 조르고 졸라서 멀고 먼 명동의 극장까지 가서 영화를 봤다. 안 봤더라면 큰일 날 뻔했다. 그때의 감동을 지금도 내 머리의 세포 속에 생생히 기억하고 있기 때문이다. 나의 최애 영화인 〈죽은 시인의 사회〉도 마찬가지다. 이런 영화들이 내 생각 한 줄기의 가지가 되어왔다.

외동딸이 외롭지 않게 부모님은 다양한 반려동물을 마당에서 키웠는데 다람쥐부터 똥개까지 나의 형제가 되었고 심심할 틈 없게 곳곳으로 여행을 데리고 다니셨다. 여행 방법도 다양해서 텐트를 가지고 가서 캠핑하기도 했고, 얼마 전부터 유행한 차박을 그 옛날 봉고차로 우리 가족은 먼저 시작했다. 한때 아빠의 취미로 수석을 모으러 다녔는데 주말마다 강을 다니며 돌을 주웠고, 그 돌은 우리 집 거실의 장식장에 곱게 들어앉았다. 어느 날 돌 줍다 불어난 강물로 모두 죽을 뻔했다가 더 이상 돌은 줍지 않았다. 성인이 된 금쪽같은 딸은 영국으로 어학연수를 가서 세상 처음 겪는 일들을 놀라워했고 자기의 우물을 받아들이고 오롯이 알아가는 시간을 가졌고 우물 밖의 세상으로 시선을 돌릴 줄도 알게 되었다. 더불어 내가 사는 세상이 중요한 만큼 타인의 세상이 어찌 보면 더 중요할 수도 있음을 이해했다. 이후 세상을 다니며 삶의 의미를 여행에서 찾는 지혜를 배워갔다.

이런 여러 갈래의 가지들이 모여 '이영자'라는 사람을 만들었고, 이영자가 매일 몇 년간 쓴 이야기가 모여 책이 됐다. 처음부터 작가가 될 생각은 없었다. 생각이 있는 사람, 유의미하게 사는 사람이 되고 싶었을 뿐! 짧은 소견이 부끄러운 줄 알고, 무의미와 유의미를 구분할 줄 아는 정도의 내가 됐을 때, 바람길의 박수현 선생님이 제안하셨고 <그러니까, 오늘도 나는 괜찮습니다>가 완성될 수 있었다.

다양한 경험이 내면에 살아있게 키워 주신 부모님과 비계만 먹어가며 외조해 준 남편님과 깊은 감정의 경지까지 알려 준 내 금쪽이들, 감사하고 사랑합니다. 이렇게 아름다운 책을 만들어 주신 바람길의 박수현 선생님께도 감사드립니다. 늘 내 손을 잡고 계신 그분께 영광 돌리며, 같은 고민과 문제를 갖고 조용히 숨죽이며 살아가는 잘 보이지 않는 이들에게 이 책이 언덕 위 언제나 있었던 두툼한 향나무 같은 역할이 되어 주길 기대한다.

2025년 5월 햇살에
연두 나뭇잎이 빛나는 날에

목 차

프롤로그
영화, 책 그리고 여행   6

1
나라는 사람을 살아가기 위해

하필 내가 영자라서	17
세상이 덤비는 날	21
돈키호테인가? 햄릿인가?	25
나는 TMI 입니다	30
있으나 마나한 사람이 되자	35
고로 나는 이 순간이 행복한 사람이다	38
현실엔 이민호가 없다	42
책에서 배우고 사람에게서 다시 배운다	45
명절이란 이름의 풍경	50
이기적 독서가에서 이타적 독서가로	54
살고 죽는 것	58
오늘도 나는 E로 살지 I로 살지 선택한다	63
아무도 나에게 관심이 없다	67
독립서점의 책방지기로 살고 싶다	71
당신 잘 살았어	74
참외는 외롭다	78
나의 장은 사랑스럽다	82
텀블러 두 개의 철학	88
궁색함을 벗어나는 방법	93
혼자의 가치	96

2
사랑한다는 말은 이렇게 남아

통창 너머, 어렴풋한 기억너머	103
어른도 사랑을 먹어야 행복하다	107
알콩이 같은 인간, 동이 같은 인간	112
알콩이 같은 인간, 동이 같은 인간 Ⅱ	116
사랑하는 사람을 보내고 돌아오는 길	120
겨울 개나리와 친구	124
딸아, 미안하다	128
비계는 내가 다 먹었어	132
이번 크리스마스에는 아무것도 하지 않기로 했다	136
현관 앞의 너에게	140
같은 집, 다른 성격들	145
우리, 미약함을 자랑하는 사이	148
완성형이 아닌 진행형	152
괜찮은 척 잘 지내는 중입니다	155
선풍기처럼 웃고 싶다	158
나는 미친개다	162
벚꽃이 피면 카레를 먹던 우리	165
두 번이나 읽고 있다, I miss you so much	168
곰배령 너의 의미	171
경계의 가치	175

3
흔들려도 결국은 괜찮은 날들

읽고, 보고, 느끼고, 저장하고, 배설한다	183
나의 노년을 위해, 부모님의 노년을 배운다	188
영월 어느 골짜기에 핀 꽃	192
그 여름, 간이식탁 위의 기적	196
젊은 베르테르의 슬픔을 펼치며	200
지구는 인간 병에 걸렸어	205
수레바퀴 위에서	210
평창으로 책으로 세상으로	214
이런 느낌, 그리웠어요	218
눈의 여왕의 낮은 밤보다 아름다웠다	223
대학나무	227
책 팔아 밥을 샀다	231
멜버른 커피 삼총사	234
먹고 살아야 하니까요	238
무게는 느끼나 무게에 눌리지 않으며	242
진시황을 지나, 나에게로 온 여행	246
장안의 화제, 당현종과 양귀비	250
어르신이 행복한 나라	254
무엇을 쥐고 있는가	259
소용의 가치	262

나는 나와 가장 오래 살아야 하니까

1

나라는
사람을
살아가기 위해

나라는 사람으로 살아가는 위해

하필 내가 영자라서

"이영자가 누구지?"

아악, 또 내 이름을 부른다. 새 학기마다 선생님들은 출석부를 쭉 훑으시고는 꼭 저렇게 알은체한다. 낯가림이 심한 나는 이 시간을 견딜 수가 없다. 눈을 내리깔았다가 체념한 듯 조용히 손을 올린다. 눈을 마주친 선생님이 다음 레퍼토리만 이어서 하지 않기만을 바라지만 그럴리가!

"너구나, 영자의 전성시대구먼!"

'아, 진짜 극혐이다.' 난 그렇게 해마다 뜻하지 않게 전성시대를 맞이했다. 대학만 가면 오지게 미팅해야지, 젊은 것도 한 때니 후회 없이 질리도록 소개팅이나 미팅을 하리라 마음먹었다. 드디어 첫 미팅 하는 날, 요리 보고 저리 보며 한껏 꾸미고 나갔다. 다행히 새침하게 생긴 외모 탓에 남자들의 조심스러운 시선을 받았다. 잠시 뒤, 서로 자기소개를 하는 데 내 이름을 듣고는 조심스러운 시선을 거두고 적극적인 장난으로 쳐들어왔다. 알아가야 하는 시간이 필요한 나는 이 장난이 불편하고 힘들었고 그게 이름 때문이라는 사실이 강한 부정적 자극으로 다가왔다. 두 번째, 세 번째의 미팅도 다르지 않았고 더 이상 나는 소개팅 자리에 나가지 않았다. 어린 나이 때 이런 촌스러운 이름을 갖는 건 생각보다 힘겨운 일이다. 나의 이름 트라우마는 오랜 시간 지속됐다. 새로운 사람을 만날 때면 늘 해야 하는 이름 밝히기에 가슴이 두근거렸고 친한 지인들에겐 거리나 대중이 있는 곳에서는 내 이름을 크게 부르지 못하도록 꼭꼭 단속했다.

사실 내 이름에는 더한 숨은 이야기가 있다. 엄마는 나를 낳고 이쁜 이름을 짓고 싶어 고민했는데 시골에 계신 할아버지로부터 '이도순'으로 짓겠다는 편지가 왔단다. 엄마는 반대했고 '이현미'로 짓겠다 했더니 할아버지가 막무가내로 '이영자'로 호적에 올리신 것이다. 잘못했으면 이영자보다 더한 '이도순'이 될 뻔했다는 생각만 해도 아찔하다. 이렇게 쉽지만 어려운 이름으로 살다가 드디어 개명의 시대가 열렸다.

누군가 "이제는 개명하지 그래?"라고 물을 때쯤, 이미 나는 이영자로 살아가는 것에 익숙해지고 어울리는 모습을 갖추고 있었다. 나이도 좀 들고, 이름 하나에 그리 많은 의미를 부여하며 부끄러워하지 않을 정도의 든든한 마음도 갖고 있었다. 다시 말하면 이름의 부끄러움에 비교도 안 될 깊은 부끄러움을 갖는 삶이었음의 반증일 수도 있겠고 끝내 내 이름 석 자를 애정하는 줄기세포 하나가 어디엔가 살아서 개명의 의지를 죽이고 있었을 수도 있다. 그렇게 〈이영자〉라는 이름이 제법 어울릴 나이가 되었다. 이제는 내 이름에 화가 나지 않는다. 오히려 내 이름에 화가 나지 않는 나이가 된 것에 화가 난다.

세상 많고 많은 예쁜 이름을 제치고 나에게 온 '이영자', 이제 나는 이 이름으로 새롭게 도약하려 한다. 거리에서조차 크게 부르지 못하고 괄시받던 초라한 이름에서 세상의 중심에서 자랑스럽게 나의 이름을 크게 외칠 준비를 하고 있다. 결코 부끄럽거나 초라하지 않은, 촌스러워 특별해 보였던 평범한 나의 이름을, 누가 아는 게 두려워 숨겨왔던 이 이름을 모든 이가 알도록 나팔을 불며 알려주려 한다. 다행이다. 개명하지 않아서, 더 이상 내 이름이 부끄럽다는 오해 속에 살지 않아서, 이름이 아닌 정작 나 자신이 얼마나 소중한 존재인지 깨달을 수 있어서, 부끄러움을 아는 사람일 수 있어서, 이제는 이름에 걸맞은 멋진 삶을 살아보려 도전할 수 있어서! 하필 내가 이영자라서 이 모든 일을 경험하고 생각할 수 있었다.

 영자의 전성시대여, 영원하여라~

세상이 덤비는 날

　세상이 나에게 덤비는 그런 날이 있다. 왜 그런지도 모른 채 모두가 나를 향해 칼날을 세우고 나를 무찌르기 위해 한마음 한뜻으로 합심해 나를 공격하는 그런 날. 눈에 보이는 것부터, 눈에 보이지 않는 실체가 없는 그 무엇들까지도 나를 흔들며 조금씩 내 삶에 분열을 일으키는 그런 날. 하필 날씨조차도 추적추적 비가 내리며 그날의 분위기까지도 연출해 내는 그런 날. 소중한 것은 떠나버리고 나 홀로 남겨진 것 같은 착각의 날. 차라리 생각 없이 잠잠히 있으면 좋으련만 하기 싫은 일들은 선을 넘어 나에게 넘쳐오는 그런 날. 누군가를 찾아 위로라도 받고 싶은데 주위의 그 많은 사람 중 어느 한 명도 나에게 시간을 내어주지 않는 날. 그래서 내가 더 불쌍해 보이는 날 말이다.

불쌍하다는 감정이 몸으로 전해지는 탓일까! 그런 날은 몸을 일으키기가 쉽지 않다. 가라앉는 마음과 함께 몸도 바닥으로 꺼져간다. 이미 여기저기 전화 걸어 마음 좀 붙여 보려 했지만, 거절당한 마음이 쉽사리 달래지지 않는다. 그러면서 드는 생각, '그동안 난 잘못 살아왔는가? 나는 실패한 인간이었는가!' 상한 감정을 들고 카페로 들어가 창밖을 보지만 지나가는 사람들은 모두 즐겁게만 보여, 들고 있는 커피가 너무 쓰다. 그냥 오늘 하루가 눈 깜짝할 사이에 지나가 버렸으면, 내일의 태양이 뜨면 지금의 심정은 다시 오래된 장롱에 들어가 똬리를 틀 텐데, 어서 오늘아 끝나버려라!

어린 날에는 그런 날의 내 감정이 진짜라고 믿어 무척이나 슬펐다. 하루 종일 마음이 쓰리고 나의 불쌍함이 처절했기에 잘 못 살았음에 대해 심한 자책도 했다. 혼자 속앓이를 하다 더 이상 참을 수 없게 되었을 때, 비로소 내 옆에 있는 이들에게 손을 내밀었다. 이런 나를 이해하겠냐고? 내가 어디가 잘못된 거냐고? 눈물로 물었다. 그들도 나와 같은 모습으로 울며 자신들도 그리 살았음을 그리고 나와 닮은 자신들의 슬픔을 보여주었다. 아, 나만 그런 게 아니구나! 나만 그런 게 아님이 얼마나 위로가 되던지, 나는 불쌍함의 뿌리를 볼 용기가 생겼다.

성장한 지금은 살아보니 이런 날도 있고 저런 날도 있음을 안다. 그리고 세상이 나에게 세우는 칼날이 아니라 내가 나에게 주는 생채기인 것도 느끼게 됐다. 지금 느끼는 감정은 내가 선택하는 것이었다. 왜 내가 나를 공격하고 있는지, 또는 타인의 공격을 내가 방어막 없이 그대로 받아내고 있는지? 나에게 집중해 내 속 깊은 근원의 바닥을 들여다보기를 반복했다. 그리고 난 뒤, 공격이 들어올 때 방어할지, 나 또한 공격할지, 아니면 가만히 그 공격에 당해 주며 피를 철철 흘릴지를 결정해야 한다.

다른 이들이 이유는 다르지만 비슷한 아픔을 느끼고 있음을 이해한 후, 그들이 나일 수 있고, 나도 그들일 수 있음을 알게 됐다. 내가 민감해하는 것을 다른 이가 민감해할 수도 있고 내가 무뎌진 부분이 그들에겐 민감한 구석일 수 있다. 우리는 예민하고 민감하며 절대 무딘 사람이 아니다. 그러니 쓰리고 따갑고 통증 투성이로 살아간다. 투성이들이 모인 곳이 내가 있는 이곳이다. 나나 그나 같은 투성인데 무얼 그리 이해 못

하랴! 숨넘어가게 버겁기 전까지는 이해해 보고 애정 어린 시선으로 관찰하련다.

　이제 와보니 제일 좋은 공격은 이해와 아량이었다. 공격하는 대상이 왜 공격하는지 이해하면 섭섭하거나 분노하지 않는다. 거기에 나의 아량을 더하면 그것은 더 이상 공격이 될 수 없다. 이걸 알게 된 나이기에 그런 날에는 내 감정에 대한 분석을 통해 거짓과 진실을 나눈다. 대체로 그런 날의 감정은 거짓과 허상이 만들어 낸 것이다. 지혜의 왕 솔로몬은 "이 또한 지나가리라"는 말을 남겼다. 격렬히 동의한다. 우리의 하루는 매일 지나간다. 따라서 그런 날도 지나간다. 거짓과 허상이 주는 그런 날 뒤에는 또한 웃을 날도 기다리고 있음을 기억하며 나를 위로한다. 그렇게 스스로 위로가 끝나면 따뜻한 마음으로 회귀한다. 따스해진 마음으로 다른 상처투성이를 초대해 안락한 자리에 앉혀 위로하고 보듬는다. 그리고 편안하게 이야기한다.

　"이 또한 지나갈 거야."라고. 그가 더 이상 '투성이'로서가 아닌 회복한 그대로의 모습을 보는 것이 나에게는 살아가는 의미가 된다. 세상이 나와 너에게 덤빌 때, 우리는 홀로 독대하지 말고, 함께 공존하여 존재의 온기로 따스하게 손잡고 이기기를 바란다.

나라는 사람으로 살아가는 위해

돈키호테인가? 햄릿인가?

 예전에 문소영 작가의 『명화 독서』라는 책으로 독회 모임을 했었다. 책에 돈키호테와 햄릿을 소개하는 장면을 이야기하며 우리는 극명히 다른 두 주인공의 성품에 대해 비교했다. 모든 불의와 비합리를 용납하지 못하는 엉덩이도 가벼운 돈키호테, 그가 나타나면 일이 해결되기보다는 꼬이기 시작한다. 현실에선 일 못하고 시끄럽고 정신없는 사람이지만 누군가에게는 시끄럽고 요란한 돈키호테가 옆에 있는 것만으로도 큰 힘이 될 것이다. 타인에게 관심과 애정을 가지며 자기 일처럼 뛰어드는 보기 드문 사람, 남을 공감해 주고 뭐라도 해주려 노력하는 '한 사람'이 있기 때문에 적어도 외롭지 않을 것이다.

    반면 조용하게 계획적으로 모든 상황을 파악하는 햄릿, 알지만 알은체도 하지 않는 철두철미한 그, 감정의 동요가 적고 행동의 인과관계를 이해하려 노력하며 깊은 배려심을 갖고 있다. 하지만 그는 엉덩이가 무겁다. 결단한 것을 실행하는 능력이 부족하달까? 아니면 생각을 결단으로 이어가는 능력이 없다고 해야 할까? 우유부단하게 느껴질 만큼 오로지 생각만 한다. 현실에선 공감도 하고 문제를 인식해 분석하고 해결하려 하지만, 결정적인 순간 사라질 수 있다. 한번은 용납하지만, 두 번 이상 반복되면 신뢰를 잃을 수도 있고, 곁에 있는 사람은 울화통을 터뜨릴 수도 있다.

    이들을 분석하며 자연스레 나의 성향에 대해서도, 나의 행동유형이나 그동안의 변화에 대해 생각했다. 예전의 나는 돈키호테 저리 가라였다. 내 기준의 불의를 보면 직설적인 화법으로 무찌르거나 그러지 못하면 스스로 못 견뎌 했다. 그러다 보니 감정 기복도 심하고 다툼도 있었다. 뒤끝도 없고 험담도 하지 않는 혼자만 깔끔한 성격이었다. 적어도 내 속내를 다 드러내어 투명한 삶을 살았다고 자부했다. 한번은 선배 언니와 함께 있을 때, 그 언니가 무언가를 지적했고 그 지적이

나의 심기를 건드렸다. 한밤중까지 분을 삭이다가 더는 참을 수 없어 12시가 넘은 시간에 전화해 "아까 언니가 말한 것 말이야." 하면서 시시비비를 가리는 만행을 저지르기도 했다. 마음에 걸리는 일이 생기면 곡기도 끊고 잠도 거의 자지 못할 만큼 속앓이를 했다. 하도 신경 써서 입맛이 없고 그러다 보니 살도 빠지고 잠을 못 자니 예민해지고, 예민하니 더 생각나서 못 견디고. 참 힘들게도 살았었다.

내 불같은 성향이 타인뿐만 아니라 나 자신에게도 해가 되는 걸 느끼기 시작하면서 나 스스로 되돌아보려 노력했다. 내가 옳다고 하는 게 진짜 옳은 걸까? 저 사람이 말하는 게 맞는 건 아닐까? 예전엔 내 주장을 말하고 싶어 며칠을 힘들어했었다면, 후엔 내 주장 때문에 다른 이와 부딪히는 그 부딪힘 자체가 힘들었다. 끊임없이 그 상황과 감정을 복기하며 잘못된 부분을 찾아 어떡하면 부딪히지 않고 '나이스'하게 지나갈 수 있을지 생각하고 생각했다. 이 과정이 오랜 세월을 지나며 내 삶이 되어버렸다.

지금은 어떤가? 머리가 터질 만큼 많은 생각이 내 머릿속에 가득 차, 몇 년을 두통과 불면증으로 괴로워했다. 일이 생기면 흥분하기보다는 차분히 마음을 가라앉힌다. 그리고 분석과 요약을 통해 내가 해야 할 것과 버려야 할 것 등을 분류하고 그대로 실행한다. 내 수첩에는 매년 이런 감정 분석과 해결 방법 등이 빼곡히 적혀있다. 내용이 많아질수록, 반복될수록 나의 실수와 내 감정 표현은 사그라들었고 투명했던 내 속은 밖에서는 절대 들여다볼 수 없게 만들어 버렸다.

가끔은 너무 차분하고 냉정한 나를 보며 슬프기도 하다. 사람을 만나더라도 한 뼘의 거리를 유지하고 아주 '나이스'한 관계를 유지한다. 내 속내가 절대 보이지 않게, 하지만 거짓은 아니게 회색빛 블라인드를 치고 산다. 무엇이 더 좋고 나쁜지는 중요하지 않다. 살기 위해 그때마다의 최선의 선택이 모여 지금이 되었으니, 후회도 없다. 다만, 가끔 서글픈 것은 예전의 호기로움과 순수함과 투명함이 그리울 뿐, 그래도 내가 성숙하는 중이라고 우기고 싶다.

지금의 나는 돈키호테와 햄릿의 그 사이 어딘가에서 살고 있다. 돈키호테로도 살아봤고, 햄릿으로도 살아봤다. 남은 인생은 그 어느 곳으로도 기울어지지 않는 중용의 선으로 걷고 싶다. 물론 불현듯 옛 모습이 살아나 예전의 흔적들이 나타나기도 하지만 오래지 않아 그 감정을 다스릴 줄 알게 되었다. 마찬가지로 생각만 하고 실행하지 못하고 있을 '상황적 나'를 자각하고 스스로 북돋아 그 상태를 벗어나려 애쓸 수 있게도 되었다. 설날 줄타기 명인이 균형을 잡아 신명 나게 흔들림 없는 줄놀음 하는 것처럼, 나 또한 균형을 잡아 신명 난 삶을 살아보려 한다.

나는 TMI 입니다

어릴 때, 우리 엄마는 음식 솜씨가 좋아 동네 사람들이 우리 집에서 자주 밥을 먹었다. 그래서 동네 어른들을 이모, 삼촌으로 부르며 매우 가까이 지냈다. 옛말처럼 '그 집 숟가락 개수까지 안다'까지는 아니지만 우리 집의 대소사는 물론이고 나의 성적을 비롯해 소소한 일들까지 모두 공유되었다. 초등 고학년 때쯤, 엄마에게 제발 좀 내 이야기는 하지 말아 달라고 정중하게 부탁했지만, 지금까지도 내 이야기는 공유된다.

아이를 낳고 답답함에 밖으로 유모차를 끌고 나가면 주위 사람들이 아기를 보느라 내 주위로 모여들었다. 낯가림이 있는 나지만 내 아기를 좋아해 주고 예뻐해 주니 기분이 좋았다. 그분들과 육아에 대해 스스럼 없이 이야기하며 즐겁게 지냈고 육아 도움도 받을 수 있었다. 그런 시간이 거듭될수록 타인과의 대화가 조금씩 덜 어려워졌고, 특히 아기 엄마들과 만날 때에는 오래된 친구처럼 내 이야기를 공유했다.

    몇 년 전부터, TMI(too much information)라는 새로운 의미의 단어가 생겼다. TMI는 너무 많은 정보를 공유하는 것을 말하지만 그런 행위를 하는 사람을 지칭하기도 한다. 예전 우리 엄마 시대의 사람들처럼 말이다. 즉, 타인이 궁금해하지 않는 것까지 이야기하는 사람을 일컫는데, 더 나아가 도를 넘는 행동을 하거나 개인이 만든 선을 넘을 경우, TMI라고 쉽게 표현한다. 이 말인즉슨 내가 알고 싶지 않은 건 말하지 말아 달라는 의미가 포함된다. 피곤한 인생이 더 피곤해지기 때문이다. 말뿐 아니라 감정의 TMI도 배제할 수 없다. 서로의 틈을 필요한 만큼만, 합의한 만큼만 지켜주는 것, 이 시대에 이 약속 즉 각자의 '선'은 매우 중요하다.

    요새는 더 변해서 오다가다 만난 사람에게 말을 건다거나 하는 행동은 거의 하지 않는다. 더구나 이웃끼리 서로 음식을 나누고 삶을 나눈다는 건 극히 드문 일이 되었다. 나 또한 이 시대를 사는 사람으로 각자의 선을 지키며 살려고 노력한다. 세대가 다른 우리 아이들은 그 선이 나와는 좀 다른데 이 아이들 세대는 '절대로 해야 하는 것'보다는 '절대로 하면 안 되는 것'이 참 많다. '절대로 지켜야 하는 것'을 하고 살아온 나와 '절대로 하면 안 되는 것'을 안 하고 살아온 우리 아이들과는 그 선이 다르다. 그래서 가끔 우리의 선은 혼란스럽다.

    얼마 전부터 강아지를 기르며 애견의 세상으로 들어선 우리 가족은 늘 새로운 경험을 한다. 매일 산책시켜야 하고 강아지의 표현들을 배우며 키우고 있다. 그렇다 보니 길 가다가 산책시키는 다른 개를 만나면 개에게 말을 시키기도 하고 견주와 눈빛 교환도 하고 궁금한 것들을 묻기도 한다. 우리 강아지의 행동에 관해 이야기하다 가끔은 마음이 통해 전화번호를 교환하기도 한다. 그렇게 하는 순간, 우리 아이들은 매우 어색해하며 "엄마는 진짜 TMI야!"라고 쓴소리를 한다. 움찔하며 뒤로 물러나는 나, 'Too much information'은 되고 싶지 않다. 마치 TMI는 신종 병균처럼 피해야 하는 인간상 같다. 타인을 배려하지 않는 이기적인 사람, 정보의 홍수 속에 더 이상 듣고 싶지 않은 정보를 흘리는 사람, 피로사회에서 나를 더 피곤하게 만드는 사람, 만나면 불쾌해지는 사람으로 생각한다. 그런 사람이 되고 싶지 않은 나는 더 이상의 관심을 끄고 황급히 자리를 뜬다. 하지만 도대체 어느 지점이 TMI인건지 알 수가 없다.

아침마다 동료가 우리 아파트 앞으로 카풀을 하러 온다. 거의 1년이 다 되어 가는데 아침마다 곤혹스러운 일이 벌어진다. 아파트 경비 아저씨가 그 동료에게 말을 건다는 거다. 내가 지하에 있는 차를 가져올라치면 그 선생님에게 다가와 차 가지러 갔으니, 다리운동이나 하고 있으라고 한다는 거다. 동료가 나를 기다리는 잠깐에 계단을 오르내린다거나 무릎을 들고 내리는 운동을 하며 종종 기다렸던 모양이다. 그걸 지켜보셨던 아저씨가 기억해서 이야기하신 것이다. 우리의 곤혹은 그분의 과한 친절함이다. 모른 척해주면 훨씬 편할 텐데. 그분의 TMI에 나도, 그 동료도 불편하다.

몇 번의 같은 일을 반복하다가 문득, 내가 지금 하는 말과 행동이 진짜 TMI인지에 대해 의문이 들었다. 그래서 처음부터 물어야 했을 질문을 이제야 했다. "이게 왜 TMI야?"라고. 그리고 아침마다 경비 아저씨의 과한 배려가 진심 TMI인지에 대해 숙고해 본다. 그 아저씨와 내가 살아온 시대와 지금의 패러다임은 분명 바뀌었지만 나도 그분도 지금 살고 있고, 살아가고 있다. 경비 아저씨 세대는 모르는 사람까지도 몇 번 보면 배려해야 할 대상으로 여기는 것이 '친절'이라고 배웠을 것이고 나는 지나다가 인사나 가벼운 정보 정도는 나누어도 실례가 아닌 것으로 배웠다. 지금 세대는 그것을 '선을 넘는 행위'로 분류하며 선을 넘지 않는 것이 '나이스'한 사람 되는 것이고 선을 넘으면 '무례한' 사람이 된다.

여기서 나의 혼란이 시작된다. 옛날 사람의 가르침이 살아있는 나는 요즘의 '나이스'한 사람이 되고 싶지만, 선을 긋는 것에 반대하면서도 그 선을 넘는 '옛날 사람'으로는 불리기는 싫은 것이다. 나 스스로 옛 가르침이 얼마나 중요한지에 대해 설파하면서 정작 선을 넘지 않으려 애쓰고 있는 우스꽝스러운 모양새다. 나는 TMI를 하면서 그 아저씨의 TMI는 싫고 불편하다. 나의 TMI를 지적하는 딸들에게 반기를 들며 이건 TMI가 아니라고 설득하는 나를 어쩌면 좋으랴!

나라는 사람으로 살아가는 위해

있으나 마나한 사람이 되자

직장 생활이란 걸 하면서 나는 능력도 안 되면서 특별한 사람이 되고 싶었다. 여기서 '능력이 안 되는 것'이 문제인지, '특별한 사람이 되고 싶은 것'이 문제인지는 잘 모르겠다. 여하튼 내가 없으면 일이 안 돌아가고 '나'라는 사람은 누구로도 대체가 안 되는 그런 존재가 되고 싶었다. 그래서 가끔은 나의 빈자리에서 다른 이들이 당황하는 모습을 보며 우쭐하며 즐기기도 했다. 행여

"선생님 없으면 우리가 어떻게 해요?"

라는 말을 들을라치면 진짜 대단한 사람이 된 양 느껴져 나의 존재감이 풍선처럼 커졌다.

어릴 때 나는 소리도 크고 노래도 잘하고, 춤도 엥간히 췄다. 나름의 리더십도 있어 담임 선생님은 무슨 일이 생기면 나부터 찾으셨다. 언젠가 담임 선생님의 집까지 가야 하는 중요한 심부름을 맡아 아이들의 부러움을 사기도 하고 운동회 때나 행사 때 아이들을 진두지휘하는 건 주로 내 담당이었다. 이 무지갯빛 시간의 풍선이 내 속에 아름답고 행복한 기억으로 존재하는 걸 보면 이때 나는 존재감 '뿜뿜'이었을 것이다.

하지만 아무리 커도, 아무리 아름다워도 풍선은 풍선이다. 한번 터지면 아무데도 쓸 데가 없어, 버릴 수밖에 없는 쓰레기인 것이다. 내 감정이 그랬다. 늘 특별할 수 없고, 늘 대단할 수 없었기에 스트레스는 이만저만 아니었고 특별해지기 위한 발버둥은 더욱 커졌다. 그 발버둥을 보이고 싶지 않아 내 얼굴은 가면을 쓰기 시작했고 그 가면은 어느새 나의 얼굴과 분리할 수 없는 지경에 이르렀다. 더 이상 '특별하고 대단한 사람'은 내 모습이 아니었다.

나는 외향적이고 도전적인 사람이었는데 일은 일대로 하면서 마지막엔 아무것도 남지 않아 손해 보는 느낌이었다. 지인 중 조용하고 있는 듯 없는 듯 일은 안 하고 조곤조곤 말만 하는 친구가 있었는데 마지막엔 이 친구 뜻대로 되는 것을 보면서 난 이 친구의 가면을 쓰기로 했다. 몇 년을 노력하다 보니 다소 조용해지고 잘 나서지 않게 되었다. 답답하면서도 진짜 그 친구 같은 모습이 내 안에 생긴 것 같아 뿌듯하기도, 씁쓸하기도 했다. 가면이 내가 된 건지, 내가 가면이 된 건지 혼란스럽기도 하고 말이다.

    이용규의 『내려놓음』이란 책이 있다. 눈물 콧물을 흘려가며 읽은 뒤, 풍선 같은 마음은 내려놓고 의미 있는 것들을 찾고자 했다. 그러다 어느 순간 눈을 들어 보니 다시 그 풍선들을 꼭 쥐고 있는 내 손이 보였다. "아차" 싶었다. 다시 돌아간다. 어렵지 않다. 다시 내려놓으면 된다. 그리고 다시 의미 있는 것을 찾으면 되는 것이다. 이런 반복적인 과정을 여러 차례 거듭했다. 그러면서 깨달아갔다. 학교에서도 내 중심이 아니라 학생이 중심이어야 하는 것, 교회 일을 하면서도 내가 아니라 그분이 보여야 하는 것, 나보다는 내 아이가 더 잘 살게 가르치는 것 등등 돌아보니 나보다 더 대단하고 특별한 존재들이 있었다. 앞으로는 '특별한 사람'이 되고 싶어서가 아니라 나의 특별한 존재들을 빛내 줄 수 있는 '있으나 마나 한 사람'이 되고 싶다.

고로 나는 이 순간이 행복한 사람이다

『예루살렘의 아이히만』이란 책에서 한나 아렌트는 '악의 평범함'을 이야기하며 사유하지 않는 행위가 곧 악이 될 수 있음을 경고했다. 맞다. 이 책을 읽기 전부터도 생각이란 녀석은 늘 내 머릿속에서 떠나지 않았고 그 바닥을 볼 때까지 끊임없이 나를 괴롭혔다. 어떤 날은 밤이 새도록 이 녀석과 씨름했는데 야곱은 하나님과 밤새 씨름하면서 축복이라도 받았지만, 나는 밤새 이 생각의 사다리와 씨름하고 나면, 다음 날은 절대 출근하고 싶지 않을 만큼 피로했다.

생각하고 싶은 날도 생각하고, 생각하고 싶지 않은 날도 생각했다. 날이 밝은 날은 좀 멀리 있는 곳까지 떠나고, 비가 오는 날은 감상에 젖어 생각했다. 책을 읽다가도 어느 한 곳에 꽂히면 몇 시간부터 며칠까지 그 생각에 빠져 살았고 책을 덮고 나면 한동안 그 책 속에 빠져 허우적대기도 했다. 가와바타 야스나리의 『설국』을 읽고 한 여름이었는데도 한동안 눈의 나라에서 살아 더운 줄 몰랐고, 나쓰메 소세키의 『마음』, 다자이 오사무의 『인간실격』과 『만년』을 읽고 나서는 한동안 허무주의 빠져 살기도 했다.

책뿐이랴! 사람과의 만남 이후에도 그 사람의 말과 행동을 분석하고 그 이면에 숨겨진 내심까지 생각하다 보니 그 사람의 표현보다는 진심이 보이기 시작했고, 학생들의 표현과 말에 집중하기보다는 그 아이의 마음을 보려 노력하게 되었다. 서로의 민낯을 가장 많이 보고, 보이는 가족에 대해서도 마찬가지였다. 가장 나를 아프게 하는 존재가 '가족'이었는데 그 가족 구성원도 나로 인해 가장 아플 수 있다는 생각이 들었다. 이 지점까지 이르기에 생각의 시간이 꽤 흘러야 했고, 후회로 점철된 시간이 여러 번 있어야만 했다.

그렇게 여러 해를 보내며 나만의 생각하는 과정을 만들고 나서야 그 생각들을 헛되이 버리고 싶지 않았다. 가끔은 나만의 독창적인 생각들이 떠오르기도 했고 힘들어하는 사람들이 내 생각의 위로에 힘을 얻어 가기도 했다. 이런 모든 경험을 이야기로 남기고 싶어졌고 녹록지 않았지만, 그때마다 이겨내고 넘어가며 감사했던 삶의 기록도 하기 시작했다. 어릴 때부터 습관처럼 쓰던 일기가 어른이 되어서는 가끔 쓰는 에세이가 되었고, 이제는 나만의 기록과 더불어 타인들에게도 공개하여 공감할 수 있는 글이 되기를 바랐다.

 용기 내어 글을 공개하면서 내 생각은 칭찬으로 때론 감동으로 돌아왔다. 나를 전혀 모르던 분이
 "이 글을 쓴 작가는 분명 아름다운 사람일 것입니다. 글에서 세상을 아름답게 보는 방법을 알려주고 있으니 말입니다."하며 전해달라 했단다. 다른 이는 휴대폰에 글 알람이 뜨면 바로 읽지 않는단다. 기다리다 자기 마음이 차분해지고 정리가 되면 글을 꼼꼼히 읽는데 가장 감동의 시간이라고 말씀해 주셨다. 나를 복잡하게만 만들던 생각들이 비로소 타인과의 공감과 소통으로 변화하는 순간이었다.
 나를 괴롭히던 생각이 이제는 나를 정화하는 글로 바뀌고 바쁜 일정과 계획들이 '생각 없이' 행동하고 말하게 만들지만, 다시금 내가 주체가 되면서 자연스레 생각들이 나를 찾아온다. 내가 생각할 수 있음에, 생

각하는 사람으로 행동하고 타인의 생각을 헤아릴 수 있는 성장하는 마음에 감사한다. 그리고 그것을 글로 녹여낸다는 것, 세상에 많은 표현 방법이 있지만 이토록 조용하고 강렬한 표현은 없을 것이다. 오늘도 글을 쓰며 나의 인생에 대해 사유한다. 고로 나는 이 순간 행복한 사람이다.

현실엔 이민호가 없다

    나는 '이민호'를 좋아한다. 수년 전에는 밤잠을 설쳐가며 이민호 배우가 나오는 드라마를 여러 차례 볼 만큼 좋아해서 〈신의〉나 〈상속자들〉은 대사를 외울 만큼 반복해 시청했고, 볼 때마다 주인공 얼굴과 표정에 열광했다. 한 번은 생소한 낯선 장소에 갔는데 어디선가 본 듯한 느낌에 데자뷔인가 했지만, 곧 상속자들 드라마에 나온 배경이었던 것이 생각나 일행에게 이야기했더니 모두가 혀를 찼던 일도 있다. 지금도 간혹 이 배우의 드라마를 몰아보기로 시청할 때가 있는데 잠시나마 현실을 잊고 그 드라마 속 여주인공이 되어 내 자아 없이 수동적으로 살아보는 게 좋기 때문이다. 더불어 잘생긴 이민호의 얼굴을 보며 대리만족도 한다. 드라마를 보는 동안은 현실 문제를 외면할 수 있고 잠시나마 입에 미소를 지을 수 있는 시간이기에 힘들 때면 더 집착적으로 이민호의 얼굴과 드라마 속으로 도피했던 것 같다.

    학생 때도 읽지 않았던, 하지만 고전이라 제목은 익숙했던 테네시 윌리엄스의『욕망이라는 이름의 전차』를 읽었다. 이 책의 등장인물들은 하나같이 매력적이지 않다. 주인공인 '블랑시'부터도 내가 평소 좋아하지 않는 부류의 무능한 여자다. 남자 주인공도 폭력적이고 다혈질인, 역시나 더 별로다. 이렇게나 별로인 등장인물을 모아 놓기도 힘들겠다 싶다. 그렇다면 내용은 좋은가? 블랑쉬가 정신병원으로 끌려가는 장면을 마지막으로 끝이 나는데 너무 우울해 기가 막혔다. 읽을수록 인물들이 너무 현실 같아 피곤하고 고되다. 다들 욕망은 있으나 이루지 못하고, 올라오는 감정을 다루지 못해 사건은 점점 커지고, 썩어가는 인생들을 바라보자니 우리네 인생 같아 더 별로인 듯 느껴진다.
    하지만 언제까지 드라마 속 판타지에서 살 수는 없다. 아무리 주위를 둘러봐도 이민호는 없다. 이 사실에 의기소침해지지만, 현실을 살아가는 별로인 우리는 별로인 사람들 사이에서 '별'을 찾아가며 살아간다.

　현실 속에 이민호는 없지만 이민호가 주는 것 같은 동일한 기쁨은 있다. 매일 아침 무거운 몸과 마음으로 출근할 때, 간혹 너무 일찍 가는 바람에 여유가 생기면 들르는 별다방! 비록 5분 안에 포장해 마시는 바닐라 라테지만, 잠시 현실을 잊게 할 만큼의 달달한 즐거움이 있다. 물론 함께하는 선생님과의 꿀 같은 대화는 금상첨화고 말이다. 이런 시간을 보내고 출근하는 날이면 미소를 장착하고 긍정의 탄력을 갖추고 현실과 마주하게 된다. 더불어 종일 수업해야 하는 일터인 학교에서 아이들이 나에게 보내는 사랑의 신호는 이곳이 일터라는 현실을 잠시 잊게 한다. 아이들이 달려와 안기면 이곳은 행복의 에너지를 공급받는 자리가 되고, 정성스레 꼭꼭 눌러쓴 편지라도 받으면 며칠을 흐뭇하게 지낼 행복맛집이 된다. 어찌 보면 이민호가 주는 기쁨과 비교할 수 없는 경험이다.

책에서 배우고 사람에게서 다시 배운다

　10년이 다 되어가는 독서 모임이 있다. 〈버지니아 울프와 밤을 새다〉라는 거창한 이름 아래, 버지니아 울프와 같은 창의적이고 독립적이며 주체적 존재로서의 나를 찾기 위해 책을 읽기 시작했다. 그사이 이들의 모습은 변화했고, 이들을 지켜보는 나 또한 변했다. 돌이켜보면 처음에는 진짜 가관이었다. 고르는 책마다 어렵다고 불평하는 것은 기본이고, 매우 유명한 베스트셀러의 책 제목조차 낯설어하던 이들이었다. 한 권을 완독하기 힘들어했고, 읽고 와서도 무슨 내용인지 모르겠다며 다시 정리해 달라 요청했다. '나'를 성찰하는 메시지를 전하면 숙연한 분위기가 되지만 정작 자신에 대해 나눌 거리가 없어 정적만 흐르기도 했다.

    책 속의 인물들과 동화되지 못해 인물들을 이해하지 못하겠다며 비판했고, 세상에 이런 사람이 있을까요? 하며 책의 줄거리에만 국한되어 이야기를 나누기도 했었다. 책의 내용이나 인물이 표상하는 바가 무엇일지 생각해 오게 하고, 더 나아가 감상이나 정보를 글로 써오시라 과제를 드리기도 했다. 그렇게 3년 정도가 지나니 책 선정에 대한 어려움은 사라졌고, 5년 정도가 되니 책의 주제와 작가 삶의 연관성까지도 나눌 수 있게 되었다. 10년이 되어가는 지금은 선정된 책과 과거 읽는 책을 연계해서 인간의 삶의 특징과 책의 함축적인 부분을 분석하며 나누고 있다. 이제는 가르치는 선생으로서만이 아닌, 이들을 지켜보고 경험하며 나 또한 배우는 자의 자리에 있다.

    지난번 모임 때의 일이다. 저녁을 먹고 카페로 이동해 책 나눔을 하는 것이 우리의 루틴인데 이날은 체력도 보충할 겸 무한 리필 샤부샤부 집에서 저녁을 먹기로 했다. 약간 늦게 도착하니 안쪽 가운데에 내 자리를 준비해 놓아 그 자리에 앉았다. 미리 오신 분이 문가에 앉으셔서 계속 음식들을 날라야 했고, 우리가 끊임없이 먹는 바람에 죄송하게도 이분은 끊임없이 왔다 갔다를 반복했다. 그럼에도 전혀 싫은 내색도 없이 "와, 우리 진짜 잘 먹네요. 흐흐"하며 웃으시는 거다. '참 온유한 사람이구나!'라고 생각했다. 한 분이 퇴근이 늦어 1시간가량 늦게 오셨는데 이분은 자기가 먹던 자리를 깔끔히 정리한 후, 더 끝자리로 이동해 음식과 멀어졌다. 왜 그런지 물어 보니 늦게 오시는 분을 위해 가운데 자리를 양보하고 자기는 어느 정도 먹었으니 비켜주는 거란다.

이런 건 도대체 어디서 배우는 걸까? 그런 곳이 있다면 나도 가서 배우고 내 자녀도 다른 학원 다 제치고 이곳부터 보내리라! 안타깝게도 이런 것은 하루아침에 배울 수 있는 것이 아니란 걸 안다. 유년기부터 쌓아온 남을 위한 마음과 정성이 밑바탕에 깔리고, 사랑하는 사람들을 위해 베푸는 진심이 있어야 이런 행동이 나올 수 있는 것이다. 온유할 뿐 아니라 속 깊은 배려심이 있는 분이다.

독서 모임은 이래저래 배울 게 참 많은 동아리다. 책에서 배우고 사람에게서 다시 배운다. 머리로 이해한 지식을 나누며 삶에서 열매를 맺는다. 혹자는 독서 모임은 입으로만 하는 일이라고 비판하지만 아마도 입으로만 떠드는 사람은 책도 제대로 읽지 않았을 것이다. 여기서 읽는다는 행위는 눈으로 보고 이해하는 행위 정도가 아니라, 눈으로 보며 마음으로 읽어 동화되고 융화되어 간접적이지만 내가 주인공이 되거나, 내가 작가가 되어 활자를 통해 생각을 나누는 것을 말한다.

　나쓰메 소세키의 책 『마음』에서 주인공 '나'가 다른 인물인 '선생님'을 존경하며 배려하는 모습을 보며 배려의 방법에 대해 고민하고, 자신의 자리를 내어주는 그분을 보며 답을 찾아 삶의 방식을 수정해 나가는 과정이 책의 힘이자 독서 모임의 의미라 생각한다. 끝없는 배움을 위해 책도 독서 모임도 성실하게 채워, 나 또한 배려의 아이콘이 되는 그날을 꿈꾸며 성장하리라!

　이렇게 난 또 하나를 배운다. 책에 대해, 인문학에 대해서는 내가 가르쳤지만, 인생에 대해 타인을 이해하고 배려하는 것에 대해서는 내가 배우고 있다. 인문학을 읽으며 머리로 알고 가슴으로만 느끼는 것은 한계가 있다. 성찰한 것은 반드시 삶으로 나와주어야 하고, 그것이 나와 타인의 관계 속에 성숙한 태도로 변화해야 의미 있는 것이다. 그러니 나는 오늘도 사람들과 부딪히며, 때로는 상처받고 때로는 감동받으며 배우고 있다. 내가 알던 인문학이 더 깊어지고, 내 안의 인문학이 점점 사람을 닮아가고 있다. 그렇게 나는 책에서 배우고, 사람에게서 배우며 조금씩 나아간다. 그렇게 나는 또 하나를 배운다.

명절이란 이름의 풍경

　무남독녀인 나는 사람 많은 집으로 시집가길 바랐다. 명절마다 북적이는 집이 왠지 더 행복해 보였고, 멀리 시골로 내려가는 집은 정겹고 따뜻해 보였다. 그래서 결혼한다면 내가 며느리인지도 모를 만큼 식구 많은 집, 그 중심에서 바쁘게 움직이고 싶었다. 하지만 인생이란 뜻대로 되지 않는다. 내 남편은 위로 형이 한 명뿐인 막내고 가족이 모두 모여도 열 명이 채 되지 않는다. 그나마저도 아주버님 댁은 결혼 후 얼마 지나지 않아 미국으로 이민을 가셨고, 나는 그렇게 외며느리에 외딸이 되었다.
　평소엔 괜찮지만, 명절만 되면 상황이 곤란해진다.

먼저 세 집의 음식을 바리바리 싸 들고 시댁에 들러 하루를 보내고 나서야 친정에 간다. "더 있다 가라"는 말 대신 느껴지는 침묵 속 아쉬움을 뒤로하고 친정으로 향하면, 그제야 진짜 명절이 시작된다. 아이들은 양쪽 집의 인기인으로 녹초가 되고, 남편과 나는 시간으로도 마음으로도 양가를 다 만족시켜 드리지 못한 죄송함이 남는다. 그러다 생각해 낸 방법이, 우리 집으로 양가를 초대해 함께 지내는 것이었다. 처음엔 다들 "엥?" 하며 어리둥절해했지만, 서로의 필요가 맞아떨어져 암묵적으로 동의했다. 그렇게 우리 세 집은 명절에 모두 모여도 10명이 안 되는 소가족이 되었다.

며느리와 딸 노릇을 야무지게 해야만 했기에 명절 2주 전부터 식단을 짰다. 다행인 것은 내 마음대로의 식단을 짤 수 있었고, 불평하거나 이의를 제기할 사람이 한 명도 없다는 것이다. 평소 안 하는 음식부터 청소와 2박 3일을 무얼 하며 지낼지 계획을 세우는 것까지 진두지휘했다. 추석에는 토란국을 끓이기 위해. 설날에는 떡국 베이스를 만들기 위해 새벽부터 일어났고 모두의 입맛에 맞추기 위해 노력했다. 떡국도 한해는 엄마가 좋아하시는 고깃국물로, 한해는 시어머니가 좋아하시는 사골국물로 준비하며 깊이 있게 배려했다.

아침을 먹고 나면 점심은 칼칼하고 조금 가벼운 걸로 준비하고 그 사이 간식은 어른들이 평소 드시지 못했던 것으로 준비했다. 31가지 아이스크림이나 팥빙수를 먹으러 가면 아주 좋아하셨다. 또는 별다방으로 가 담소 나누기도 즐거워하셨고, 근처 한옥마을이나 아쿠아리움 관람도 준비했었다. 저녁도 역시나 고기류로 전날 먹던 맛과는 다른 부위로 준비해 실컷 드실 수 있도록 한 솥 차려 "넌 손이 참 크다."라는 소리를 들었고, 저녁이면 개봉영화를 보러 나가거나 근처 마트로 마실을 나갔다. 그렇게 들어와 밤에는 코를 골며 잠이 들었으리라.

　　하지만 이번 추석은 달랐다. 형님이 잠시 한국에 들어와 계시고, 부모님이 아프셔서 못 오시는 바람에 가까스로 5명이 만나 명절을 보냈다. 영상통화로 미국과 호주를 연결해 이야기를 함께했지만 글로벌하게도 흩어진 가족들을 제외한 몇 안 되는 식구들의 모임은 아주 조촐했다. 음식도 단출하게, 한 차로 이동해서 바람도 쐬고 돌아왔고 나머지 시간은 집에서 쉬는 시간이었다. 오랜만에 내가 주최자가 아니다 보니 생각과 결정은 필요 없었다. 형님이 준비한 음식을 그릇에 담기만 했고, 다 먹은 뒤 설거지만 거들었다. 아이들도 없으니 도란도란 이야기 소리와 간혹의 정적이 혼재했고, 깊은 밤으로 갈수록 TV 소리가 더 커졌다. 다음날은 딱히 아침을 준비할 게 없어 시댁 근처의 냇가 주변을 산책하고 둘러보는 여유도 가졌다. 돌아와 간단히 밥 먹고 편안하고 무료한 시간을 보낸 뒤, 집으로 오는 데 명절인데 명절 같지 않은 느낌, 신나지는 않았지만 아주 편안한 휴일을 보낸 느낌이었다. 물론 명절을 이리 쉽게 보내도 되는가 하는 약간의 불안함도 있었고 어른들을 잘 모셨을 때의 보람찬 기분도 느끼지 못했다.

    생각해 보니 쉬고 있는 어색한 지금도 좋고, 정신없이 명절을 보낸 그때도 좋았다. 1년에 두어 번 정도 양가 부모님을 모셔서 우리 집에서 나의 요리를 대접하는 것, 그분들이 좋아하시는 모습은 보는 건 참 행복한 일이다. 네가 아니면 내가 이런 걸 어디서 먹겠니? 라던가 어우, 이것 참 맛있다. 라던가 이렇게 바람쐬니 너무 좋구나 등등 이런 소리를 들으면 작은 효도를 한 것 같아 뿌듯했었다. 그래서 힘은 들지만, 마음은 힘이 났다. 지인이 나에게 물어왔다.
    "이번에는 쉬어서 너무 좋았겠어요?"
    "네, 좋았어요. 그런데 예전도 좋았어요."
    라고 대답했다.

이기적 독서가에서 이타적 독서가로

    예전의 나는 잘살고 싶었다. 아니 부자로 떵떵거리며 살고 싶었다. 그래서 내가 무얼 해서 먹고살아야 하는지 알고 싶어 자기 계발서를 집중적으로 읽었다. 특히 수 세기 동안 단 1%만이 알았던 부와 성공의 비밀 『시크릿』과 김미경 씨의 『꿈이 있는 아내는 늙지 않는다』라는 두 권의 책은 내 인생의 터닝 포인트였다. 이 책들은 돈도 벌면서 성공도 할 수 있다는 부푼 꿈을 안겨주었고 그 꿈을 현실화하기 위해 미친 듯이 달려야 한다고 가르쳐주었다. 난 모범생이다. 배운 대로 바로 실행하는 편이기 때문에 그때부터 공부하고 내 자리를 만들기 위해 가리지 않고 무엇이든 열심히 했다. 양육도 잘하기 위해 육아서를 섭렵하고 딸이 사춘기 시기가 올 무렵이면, 사춘기의 딸을 둔 엄마가 읽어야 하는 지도서를 책장 한 줄 만큼 사다가 읽었다. 그렇게 하면 아이를 잘 키울 것이고, 아이는 성공하는 어른으로 자랄 것이라고 믿었다.

그러나…. 살아보니 그렇지 않았다. 어느 순간 아무리 자기 계발서를 읽어도 난 성공하지 않았다. 아니 성공하지 못했고 부자도 되지 못했다. 읽는 순간에만 윤기 좌르르 흐르는 달콤한 캐러멜 마키아토 같은 꿈을 꾸었지, 책을 덮으면 씁쓸한 에스프레소의 탄 맛만 남았다. 그래도 살아야겠기에 인문 고전 책으로 눈을 돌렸다. 처음에는 무슨 소린지 하나도 모르겠더라. 읽고 또 읽었다. 다른 사람들의 책 후기도 읽어보고 논문도 읽고 블로그도 찾아보며 이해될 때까지 찾아보았다. 그러면서 깨달은 바는 계속 진심으로 읽으면 언젠가는 이해가 된다는 것이다.

카프카의 『변신』을 읽으며 내가 지금 변신해야 할 때라고 결단하며 그동안 나의 변신을 이끌었던 트리거는 무엇인지 생각했고, 서머싯 몸의 『달과 6펜스』를 읽으며 나를 움직였던 6펜스가 무엇이었을지 곰곰이 생각하며 '6펜스를 버리고 달을 쫓아 보리라'고 결심했다. 나쓰메 소세키의 『마음』을 읽으며 다른 이의 마음에 들기 위해 애쓰는 무력한 삶보다 내 마음에 솔직한 삶을 사는 것이 훨씬 가치 있는 삶이라는 것을 알았고, 다자이 오사무의 『인간실격』을 보며 '태어났다고 다 인간이 아니라 인간답게 살아야 인간이다'라는 결론과 함께 인간이 되기 위한 기준까지 생각해야 하는 것에 놀라기도 했다. 밀란 쿤데라의 『참을 수 없는 존재의 가벼움』으로 삶의 쓸데없이 무거운 것이 내 어깨 위에 더덕더덕 얹어있음을 알고 들어내야 할 필요를 느꼈고, 가벼워져야 할 것을 정리해 보았다. 도리스 레싱의 『다섯째 아이』를 읽고 가족으로써의 책임과 권리에 대해 숙고하는 시간을 가졌다. 부모 양육의 양면성과 사랑이란 이름으로 한 사람의 헌신을 당연시하는 것은 폭력이 될 수 있음을 깨달을 수 있었다.

    15년간 그렇게 읽은 고전들이 지금의 '나'를 만들어 주었다. 타인을 이해하고 타인의 표현에 휘둘리지 않으며 타인의 마음을 바라볼 수 있는 눈을 갖는 시간이었다. 그 눈으로 다양한 학생들을 만나며 이해가 되었고, 지적하기보다는 '그럴 수 있지'라는 여유도 조금씩 생겼다. 이제는 내 성공이 나에게 화두가 아니다. 내 마음이 좀 더 풍성해져서 곁의 사람들에게 흘러

갈 수 있기를, 나로 인해 만나는 이들이 조금은 위로받고 행복해진다면 그게 의미 있는 인생이라고 생각한다. 돈보다는 사람이, 어른보다는 아이들이, 인간보다는 자연이, 성공보다는 따뜻함이, 판단보다는 공감이, 타인의 인정보다는 내 만족이, 중요한 나보다는 덜 중요한 타인이 소중하다. 그래서 오늘도 일하느라 곤해진 손에 책이 들려있다.

살고 죽는 것

　김형석 교수의 『백 년을 살아보니』를 읽었다. 워낙 유명한 교수님이라 '두말하면 잔소리겠지' 하며 꼼꼼하게 작가의 100년간의 살아온 여정을 눈으로 읽었다. 역시나 달변이었고, 머리를 끄덕이며 공감하며 읽었다. 어려운 삶의 의문도 오래 사신 어른의 마음으로 쉽게 풀어 주신 문단들이 곳곳에 포진되어 있었다. 책을 손에 드는 순간부터 덮을 때까지 드는 하나의 생각, 인간이 100세를 산다는 것은 축복인가? 저주인가? 지금의 내 나이에서는 오래 사는 것이 축복 같지 않고 그리 오래 사는 것이 버겁게만 느껴져 부정적인 감정이 먼저 드는 게 사실이었다.

작가는 "인생의 황금기는 60에서 75세, 성장하는 동안은 늙지 않는다."라고 말한다. 흔히 신체적 성장은 22~24세라고 하지만 정신적 성장과 인간적 성숙은 그런 한계가 없단다. 아무리 40대라고 해도 공부하지 않고 일을 포기하면 녹스는 기계와 같고 60대가 되어도 진지하게 공부하며 일하는 사람은 성장을 멈추지 않는다는 게 이분의 설명이다. 더불어 작가는 젊은 늙은이는 되지 말라고 경고하며 "인생의 나이는 길이보다 의미와 내용에서 평가되는 것이다. 누가 오래 살았는가를 묻기보다는 무엇을 남겨주었는가를 묻는 것이 역사이다"라는 더 기가 막힌 말을 한다.

　　작가의 신념을 통해 인생은 길이나 넓이가 아닌 유의미성에 있다고, 잠깐을 살아도 무의미하게 산다면 이미 늙은 것이고, 오래 살아도 유의미하게 살고 있다면 그건 청년의 삶과 같아 살아 숨 쉬는 삶임을 이해할 수 있었다. 괜스레 나이 들 때마다 위축되고 스스로 작아지는 기분을 느끼며 어쩔 수 없이 사회에서 도태되어 가는 과정이라고 스스로 납득하고 있었다. 이 책을 통해 나이가 들수록 더 확고해진 가치로 더 잘살아 봄 직함에 용기를 갖고. 자연스레 삶과 죽음에 대해 사유했으며, 신념 있게 잘 살다가 지혜로운 삶의 끝을 준비하고 싶었다.

이런 생각으로 하루를 보내고 느지막이 집으로 돌아와 잠을 청하는데 암으로 시한부 판정을 받았던 지인이 작고했다는 소식이 왔다. 나보다 몇 살 위인 그이는 늘 웃는 따뜻한 사람이었다. 가까운 사이는 아니지만 적당한 거리 뒤에서 서로 응원해 주던 사이였다. 둘 다 잔병이 많다 보니 "건강하게 살자"며 걱정하며 눈으로 이야기하고, 한 번씩 다독이는 친구 같은 사람, 그 사람이 아프고 난 뒤에는 섣불리 가까이 다가가기가 어려웠다. 다가가지 못함으로 늘 미안함이 있었고 가까이 갈 수 있는 좋은 기회를 살피기를 여러 번, 남은 생이 한 달 남지 않았다는 소식에 급히 집으로 달려갔다.

　　마주친 그 얼굴은 내가 처음 본 얼굴이었다. 살이 빠져 얼굴은 작아졌지만, 전의 모습을 찾을 수 없을 정도로 부어 있었고, 물이 찬 배는 크게 불룩했고 다리는 부종으로 걷기가 힘들었다. 낯선 얼굴에 나는 할 말을 잃고 뭐라고 했는지도 기억나지 않을 말을 하고 황급히 그 자리를 모면했다. 모면하는 내 모습이 또 미안해서 그분을 위해 더욱 기도했다. 아무쪼록 기적이 일어나기를, 아무 일 없듯 툭툭 털고 일어나 반갑게 만나 인사하기를 간절히 기도했었다. 내가 믿는 그분은 무엇이든 다 하실 수 있는 분이기에 기도밖에 할 수 없어 밤에 자기 전에 기도하며 잠들고, 잠에서 깨면 일어나기 전 다시 기도했다.

그러다 연락이 온 것이다. 마음의 밧줄 하나가 툭 끊긴 것 같은 느낌이 들었다. 내 친구를 잃은 느낌, '나와 비슷한 나이의 사람도 병으로 갈 수도 있구나'하는 충격, 좀 더 가까운 사이가 돼볼 걸 하는 아쉬움 등이 마음을 스쳤다. 그러나 내 마음이 뭐 그리 중하겠나! 엄마를 잃은 아이들, 아내를 잃은 남편을 생각하며 기도했다. 그들이 얼마나 어려운 이별을 했을지 가슴이 아팠다. 장례가 끝난 뒤, 집으로 왔을 때가 가장 슬프다는 말을 들은 적이 있다. 가족들이 먹먹한 가슴으로 집에 들어갈 때 덜 슬퍼하기를, 덜 아파하기를 기도했다. 그리고 아름다웠던 그분은 천국에서 아픔 없이 행복하게 있을 것이라 믿었다.

잠깐 사이, 100년의 생을 넘치게 살고 있는 사람의 책과 생을 다 채우지 못하고 떠난 사람의 인생과 함께 조우했다. 난 잠을 이루지 못했다. 거의 살아있는 정신으로 밤을 새우고 일어났다. 사는 것과 죽는 것, 오늘, 이 순간만을 바라보고 살아가고 있는 나에게는 너무나 어려운 질문이다. 어찌 살아야 의미 있게 오래 살 수 있는 것인가? 어찌 살아야 아프지 않고 살 만큼 살 수 있을 것인가? 언제 죽어야 적당히 살다가 가는 시기인 것인가? 언제 죽어도 가족들은 내 죽음을 슬퍼하겠지? 돌아가신 그분의 인생은 유의미한 삶이었겠지? 생전에는 남의 시선에 자유롭고, 죽음 이후에는 삶에 대한 좋은 평판이 있는 인생을 살고 싶어졌다.

    여느 때와 마찬가지로 씻고 옷을 입고 출근을 준비하지만, 왠지 차분히 가라앉은 상념에 젖은 내 속은 올라올 줄 모른다. 마음이 점점 무채색이 되어 존 버닝햄의 그림책 『지각대장 존』의 마음과 닮아간다. 존이 학교에 가는 것을 좋아했는지 싫어했는지 모를 상황 속에서 버닝햄 작가는 배경을 무채색으로 표현해 주인공의 마음 상태를 나타냈다. 딱 하나의 상태를 말하기보다는 다양한 마음이 공존함을 옅은 무채색으로 표현한 것처럼 지금 내 마음 또한 하나로 표현해 내기 어렵다. 정의할 수 없는 마음을 정리하며 다시 신을 신는다. 그래 오늘을 살기 위해 난 지금 신을 신고 문을 박차고 나가야 한다. 얼마나 남은 생인지 모르지만, 하루를 꽉 채워 의미 있는 것을 채워간다면 그 모든 생이 유의미해지겠지. 우린 모두 자기 앞의 생을 살아가고 있다.

나라는 사람으로 살아가는 위해

오늘도 나는 E로 살지 I로 살지 선택한다

　사람의 성향을 알아보는 MBTI 검사가 한참이나 유행했었다. 심지어 한 기업에서는 자신들이 선호하는 MBTI 성향과 기피하는 MBTI 성향에 대해 면접 보기 전 명시하는 기현상도 벌어졌었다. 나 또한 여러 번 이 검사뿐 아니라 DISC와 요즘 나온 이모지 테스트까지 하면서 내 성향을 거듭 확인해 확신할 수 있었다. 처음 검사 때 나온 건 "ESFJ"다. '사교적인 외교관'으로 분석해 주었는데 나는 살짝 갸우뚱했다. '내가 사교적이었던가?' 그래서 좀 더 자세히 분석해 보니 E의 성향은 51%, I의 성향은 49%로 2% 정도 차이밖에 나지 않았다. '그럼, 그렇지' 하며 끄덕거렸다.

나는 사람 만나는 것을 좋아하지만, 혼자 있을 시간도 필요한 사람이다. 사람 만나러 카페 가기보다는 책 한 권을 읽으러 가는 경우가 더 많다. E이기는 하지만 I이기도 한 것이다. 다시 검사했을 때는 "INTJ"가 나왔다. E와 I뿐 아니라 N과 S도, T와 F도 다르게 나왔다. 이 검사는 성향 검사가 아니라 그 당시의 내 감정과 상황에 대한 검사는 아닐까? 하는 생각이 든다.

　내 속에 에너지가 꽉 차 있을 때는 모임에서 테이블 리더가 된다. 모임의 행사 준비를 하거나 계획을 짤 때 적절한 순발력과 세련된 센스와 논리적인 말발로 멋지게 분위기를 이끌어간다. 함께 하는 사람들의 박수와 인정이 좋아 날개 단 듯 무리 없이 진행하고 기분 좋으면 계획 없이 내가 대접하며 즐긴다. 그곳에서 처음 만난 사람들과도 어색하지 않게 일상적인 이야기를 하며 친해져 다음 약속을 기약하는 E 성향의 극치를 보여준다. 그러나 에너지가 고갈됐을 때, 나는 누구와도 약속하지 않고 조용히 집순이가 된다. 집에서도 조용한 피아노 첼로 음악을 틀고 책을 집어 든다. 휴대폰은 최대한 나에게서 멀리 두고, TV는 켜지 않는다. 일방적인 소란스러움이 듣기 싫기 때문이다. 그렇게 있다가 행여 답답할라 치면 책 들고 나를 모르는 사람들만 있는 카페로 들어선다. 그리고 나를 아무도 신경 쓰지 않는 분위기 속에서 한참을 책과 놀다 들어온다. 책이 좋은 건 늘 조용히 다가와 나에게 아무것도 강요하지 않는다는 것이다. 이렇게 보면 딱 I 성향의 삶이다.

    사실 '나'라는 사람은 '내'가 제일 잘 안다. 내가 극단적으로 무엇이 좋은지, 싫은지는 표현하기 때문에 다른 이들도 나를 알기는 한다. 그러나 내가 불편하지만 참고 있는 것들, 갖고 싶지만 잊으려 노력하는 것들, 언짢지만 참을 수 있는 것들, 표현할 수 있지만 하지 않아도 무방한 것들, 절대로 남에게 보여주지 않겠다고 결심한 것들에 대해선 남들은 모른다. 이런 '나'에 대한 확신이 없어 객관적으로 만든 검사 분석을 읽으며 자신을 확인한다는 것이 씁쓸했지만 이렇게라도 자신에 대해 관심을 가지려 하는 사회현상은 고무적이라 생각한다.

    자, 이제 퇴근하고 모임에 간다. 가서 마음 맞는 지인들과 얼만 큼의 시간 속에 무얼 하며 보낼지, 아니면 몸이 별로 좋지 않다는 사정을 설명하고 집에 가서 차분하게 하루를 마무리할지 선택해야 한다. 지금 함께하는 아이들과 소리 지르며 신나게 몸으로 놀아줄지,

조곤조곤 대화로 감정을 나눌지 결정해야 한다. 오늘도 나는 순간순간 E로 살지 I로 살지 선택한다. 그때마다의 적절한 하루를 보내고자 선택하며 계속 변화하고 변신한다.

나라는 사람으로 살아가는 위해

아무도 나에게 관심이 없다

벼르고 벼른 머리를 하러 간다. 파마머리였다가 생머리가 된 지 수개월, 많은 시간 중 미용실 가는 시간은 늘 미루고 미루게 된다. 드디어 머리가 꽉 눌려 대머리 같아 보이게 될 즈음, 미용실로 들어가 머리를 말았다. 이제 중화액을 뿌릴 때가 되니 머리를 말아주시는 디자이너분 옆에 보조해 주시던 분이 오셨다. 이분은 아까 뒷머리를 말아주셨는데 가끔 머리카락을 따갑게 잡아당겨 아직 아마추어 같다는 느낌이 확 들었었다. 중화제를 발라 주시는데 어찌나 열심히 해주시는지 이마에 땀방울이 송골송골 맺힐 정도였고 더구나 중화제가 손에서 팔뚝을 타고 흘러 팔꿈치에서 뚝뚝

떨어지고 있었다. 그 모습을 보는 데 어찌나 마음이 짠한지, 아까까지 내 머리를 뜯어서 기분 나빴던 감정은 사라지고, 이분의 애를 쓰며 최선을 다하는 모습만 눈에 들어왔다.

    머리는 생각보다 뽀글뽀글 나왔다. 마치 히피펌처럼 나와서 제대로 변신했다. '아, 학교 가면 난리겠구먼!' 다음날 출근하고 이곳저곳을 누비며 다녔지만 거의 나의 변신을 알아차리지 못했다. 종일 선생님 한 분과 두 명의 아이가 알아보는 정도, 혼자 김칫국을 사발로 마신 격이었다. 며칠 뒤 목이 붓더니 몸살이 나서 병원에서 주사도 맞고 센 약도 처방받았다. 출근해야 하니까 넉넉하게 4일 치를 지어 꼬박꼬박 챙겨 먹었다. 그런데 하루가 지나니 얼굴이 퉁퉁 붓고 오후가 되니 손가락과 발 전체가 부어오르기 시작했다. 나중에 알고 보니 약 부작용이었다. 다음 날 일어나 보니 더 가관이었다. 가족들도 놀랄 정도로 거울 속 내 모습은 매우 낯설었다. 이런 얼굴에 화장도 의미 없어 맨얼굴로 출근했다.
    이 얼굴로 출근하면 다들 놀랄 텐데, 마스크라도 써야 하느냐는 고민을 했지만 출근해 정신없이 일하다 보니 내 얼굴에 신경 쓸 여유도 없이 오후가 되었다.

나라는 사람으로 살아가는 위해

그런데 한 선생님을 제외하고는 내 얼굴에 대해 말하는 사람이 없었다. 내 얼굴을 보고 걱정 어린 반응이나 못생겨진 얼굴로 인해 웃음을 터뜨릴 반응 정도로 생각했는데 나의 기우였다. 그러면서 드는 생각 '와, 사람들이 이렇게까지 나에게 관심이 없구나!' 하며 배시시 웃음이 났다. 내게 관심 없는 이 사회가 이렇게나 기분이 좋다니, 이 관심 없음이 행복하기까지 했다. 평소에도 남의 시선을 의식하는 사람들에게 "생각보다 사람들은 네게 관심이 없어. 그러니까 편하게 해."라고 말하곤 했는데, 나의 조언은 '찐'이었다. 내가 예뻐져도, 내 얼굴이 선풍기 아줌마의 얼굴처럼 부어도 자신에게 큰 영향이 없는 한 그다지 관심이 없다. 이건 섭섭할 일이 아니다. 각자의 삶을 살아가고 있기 때문이고, 예전과는 다른 사회문화 속에 살아가고 있기 때문이다.

    서로에게 과한 관심을 보이던 과거의 문화 속에는 정작 자신을 들여다볼 기회가 거의 없었고, 사람들은 남을 의식해 살아가는 어정쩡한 위치로 살아갔다. 과거와 현재의 중간자적 삶을 살아가는 나는 과감하게 어정쩡함을 버리고 나의 삶을 들여다봤고, 지금의 이 관심 없음이 편하고 즐겁게 느껴진다. 관심 없음이 곧

무관심은 아니다. 무관심은 말 그대로 관심 자체가 없어 관계 또한 맺지 않는 것인데, 이 관심 없음은 관계는 맺으나 서로의 영역을 인정하고 예의를 지키며 알지만, 굳이 아는 체하지 않는 것이다. 누가 봐도 퉁퉁 부어 못생긴 얼굴인 줄 아는데 굳이 "얼굴이 왜 이래? 겁나 퉁퉁 부었어!"라고 말하지 않는 것이다. 관심에 목매는 사람이 판치는 세상 속에서 관심을 받지 않아서 즐겁게 글 쓰는 이질적인 나 또한 아이러니다. 나도 이 사회 속에서 눈길은 주지만 굳이 알은체는 하지 않으며. 건들지 않으나 마음길은 흘려주는 관심 없는 사람이 되고 싶다. 나의 삶은 소중하고 각자의 삶은 존중하는 그런 이중적인 사람이 되고 싶다.

독립서점의 책방지기로 살고 싶다

 강화도의 숙소를 찾아가는 길, 어느 초등학교 앞을 서행으로 지나다가 우연찮게 작은 서점을 보게 되었다. 시멘트에 페인트칠한 너무나 소박해 보이는 외관의 서점은 학교 앞이라는 것을 빼고는 참 생뚱맞게 자리 잡고 있었다. "잠깐만!"을 외치고 두 번의 유턴으로 서점을 방문할 수 있었다. 전국의 여행지를 갈 때마다 독립서점을 찾아 방문하곤 하는데 대부분의 독립서점은 작은 규모였는데 들어간 서점 역시 작았다. 쉬기 위해 가는 길이라 아무 생각 없이 떠나왔는데 뜻밖의 선물을 만난 느낌이었다. 이곳의 첫 느낌은 아기자기한 선물 꾸러미 같았다. 일반적인 독립서점처럼 그

지역의 굿즈들을 만들어 파는 공간이 많았고 블링블링한 액세서리도 오목조목 자리 잡고 있었다. 구석에 작게 자리 잡은 책을 읽는 공간은 소소하니 따뜻한 느낌을 주었다. 내 눈에 들어온 이 집만의 특징은 책방지기가 모든 책의 소개를 글로 써서 책 옆에 붙여둔 것이다. 독립서점에 가면 몇 개의 책들에 소개나 감상을 적어 띄엄띄엄 붙여두는 경우를 종종 볼 수 있는데 이 서점은 모든 책에 메모들이 가득 붙어 있어 신박했다. 마치 책방지기가 많은 책 중 애정하는, 꼭 추천하고 싶은 책들만 모아 전시하는 것 같은, 책들이 사랑받는 자식 같이 느껴졌다.

    사랑받는 아이들의 이유가 알고 싶어 한 권씩 꼼꼼히 들여다보았다. 독립 서적들이라 각자의 개성이 잘 드러나 있는 책들이 즐비했고 목차부터 글의 구성과 주제, 글자체와 글자 포인트, 삽화까지 자세히 훑어보았다. 독립서점에 갈 때면 꼭 책 1권 이상은 늘 구매하는데 서점 운영이 녹록지 않으니, 뜨내기손님일지라도 보탬이 되고 싶은 마음 때문이다. 내가 만들고 싶은 느낌의 책과 독특한 주제로 묶은 사진엽서 묶음을 구매했더니 감사하다고 깜찍한 책갈피를 두 개나 주셨다. 양해를 구하고 사진을 찍은 뒤 나오면서 "와, 이렇게 살아보고 싶다."라는 말이 새어 나왔다.

나라는 사람으로 살아가는 위해

자그마한 가게에 자리는 많지 않지만 내가 좋아하는 책을 전시하고 소개하며 들어오는 손님들이 무슨 책을 사야 할지 적절하게 안내해 주기도 하고, 다양한 동아리를 운영하며 지역사회의 네트워크를 만들고 소통하며, 도서 굿즈를 제작해 저렴한 가격에 공급하는 내 이름을 딴 독립서점을 운영해 보고 싶은 꿈이 있다. 함께 작은 카페를 함께 운영하며 동네 사랑방으로 자리 잡아 돈을 벌기보다는 운영할 수 있는 최소한의 소득 위에 정서적인 충만함을 벌고 싶다.

    내일이 오는 것에 부담을 갖지 않고 일할 수 있는 마음, 월요병이 걸리지 않는 직업, 하면 할수록 비워지는 것이 아닌 채워지는 노동, 생각하면 심란함이 아닌 미소가 띠어지는 작업을 하고 싶다. 지방 어딘가에서 긴 기간을 가지고 내 스타일 대로 일하는 것을 꿈꾼다. 큰 서점에 다녀오면 이런 생각이 쭈그러지는데 이 서점을 다녀오니 용기를 얻게 된다. 이 작지만, 꽉 찬 듯한 서점을 다녀오며 내 꿈도 작지만, 꽉 차게 채워보고 싶어졌다.

당신 잘 살았어

　어느 날, 작은 딸이 묻는다. 엄마는 타임머신 있다면 언제로 돌아가고 싶어?라고, 마치 내가 당연히 돌아갈 거라고 확신하는 듯했다. 나는 안 돌아갈 거야! 지금까지 얼마나 힘들게 살아왔는데 그 짓을 또 하라고? 모르면 모를까, 알면서는 못 한다 하니 아이가 젊어질 기회라며 잘 생각해 보라 하는데 난 두 번도 생각하지 않고 "안 돌아간다니까, 젊은 거 힘들어. 젊으니까 자꾸 뭐 해야 하잖아."라고 말하니 아이도 그건 그렇다며 동의한다. 친구를 만나 같은 질문을 했다. 그 친구 역시 "나도 안 돌아가지. 여기까지 어떻게 살아왔는데, 난 지금이 제일 좋다."하며 서로 공감했다. 이 말은 지금이 너무 행복하고 잘살고 있어서 제일 좋다고 말하는 것이 아니다. 사실 진짜 좋을 때는 20대일 거다. 가장 화려한, 가장 예쁜 나이이기 때문이다. 하지만 화려한 삶 뒤의 불안함 또한 만만치 않다.

    흔히들 20대를 인생의 꽃이라고 말하지만 내 생각에는 뿌리가 든든하게 심겨있는 화분의 꽃이 아니라, 물병 속 언제 시들지 모를 화려하기만 한 꽃이지 않을까 싶다. 그만큼 불안한 시기이자, 암울한 시기가 내 20대였다. 공부하고 싶지도, 왜 공부해야 하는지도 모를 그런 시간, 친구들과 만나 매일 놀고 있지만 그 친구도 나 못지않게 불안해하고 있음을, 서로 말하지 않아도 알고 있다. 내 미래를 위해 무엇이든 해야 한다고 어른들은 자꾸 조언하는데, 내 마음은 별 감흥이 없었고 세상이 삐딱하게 보이며 누구도 내게 친절하지 않았다. 사실 친절하게 느껴지지 않는 내 마음탓이었을 거다. 술을 즐기지 않았기에 친구들과 만나 불안함을 노래로 울부짖듯 포효했다. 그 당시 노래방이 새로 생겨 어마어마한 인기였는데 성실하게도 이 노래방을 잘 이용했다. 그래도 소리라도 지르면 시끄러운 속이 잠시 조용해진 기분이었다.

    그렇게 그런 날들이 끝나지 않을 것 같았지만, 어

느새인지도 모르게 시간이 흘러, 병 속에 꽂혀 있던 화려한 꽃은 결국 그 화려함을 내려놓고 흙 속에 작은 뿌리를 내릴 용기를 내었다. 이제는 '내가 선택한 삶을 살겠다'고 외치는 대신, 내가 진짜 필요한 자리가 어디인지 조용히 살피고, 그 자리에 감사히 머무르기로 했다. 그런 날들로 쌓아오니 화분이 더 커져 지금은 땅에 뿌리 내리고 열매를 몇 번째 맺고 있는, 절대 뿌리가 뽑힐 것 같지 않은 안정된 날을 살고 있다.

    대학교 2학년이 된 큰딸이 철철 울며
    "내가 지금 잘 사는 건지 모르겠어. 고등학교를 졸업하면 행복한 날들만 기다릴 줄 알았는데, 더 힘들어. 학교도 마음에 안 들고, 지금 내가 해야 할 게 뭔지도 모르겠어. 내가 직업이나 가질 수 있을지도 모르겠고, 너무 힘들어."라고 말한다. 아이는 자신의 미래에 대한 두려움과 함께 진짜 어른이 될 준비 하는 중이었다. 아이의 등을 두들기며 나의 옛날이 떠오르는 건 어쩔 수 없었다.
    나도 그랬다. 그래서 그 막막함을 열심으로, 불안함을 열정으로 불태우고 나니 지금의 재가 되었다. 재 투성이 신데렐라인 나는 할 수 있는 것들이 적어졌고, 잘할 수 있는 몇 가지가 갖춰졌다. 나도 친구도, 이런

나라는 사람으로 살아가는 위해

과정의 삶을 돌아보니 다시 가지도 못하지만, 다시 가고 싶지도 않을 만큼 힘껏 살았다. 삶을 복기하니 순간순간의 삶이 스쳐 가고 그때마다의 목적의식을 갖고 가열 차게도 달려왔다. 다행이다. 후회만 남은 삶이 아니라 후회가 덜 한 삶을 살아서….

"이영자! 당신, 잘 살았어!"

참외는 외롭다

    집이 멀어졌다. 이사를 하고 난 뒤, 출퇴근 시간이 2시간이 되었다. 무료함을 달래려 라디오를 켰고 며칠째 같은 시간, 같은 방송을 듣고 있다. 워낙 생각이 많은 사람이라 생각하지 않기 위해 라디오를 들었던 건데 음악 외에도 칼럼이나 에세이를 들으며 생각해야 할 것들이 있었다. 한 번은 '참외는 참 외롭다'에 대한 내용의 칼럼을 DJ가 낭독해 주는데 출근도 잊을 만큼 글 속에 흠뻑 빠졌었다.

    글쓴이는 이 이야기를 다석 유영모 선생의 제자인 박영호 선생에게 들었다며, 자연과 언어, 철학을 연결 짓는 방식으로 참외를 '외로움'의 상징으로 새롭게 해

석했는데 참외를 통해 '외로움'의 의미를 깊이 있게 되짚는 아름다운 글이었다. 오이와 수박도 박과 식물이지만, 참외만이 '참'이라는 강조를 붙여 '외로움'의 대표로 자리매김해 왔는데 그 이유는 외가 마디 하나에 꽃 하나만 피우는 독특한 생태를 가졌기 때문이란다. 다른 열매들은 쌍으로 피고 맺히며 곁을 의지하지만, '외'는 철저히 혼자다. 그러나 바로 그 '혼자'임 덕분에 외는 방해받지 않고 단단히 자라며, 안쪽에 단맛을 채워 넣는다고 한다. 외로움을 견디는 것이 곧 내면을 풍성하게 만드는 과정이며, 성숙의 길이라고 글은 말하고 있었다.

    엄마는 내가 어릴 때부터 병약하셨다. 딸 하나만 달랑 낳고 더 못 낳은 엄마를 시댁에서는 꽤나 구박했다. 엄마는 집 한 채 값이 넘는 돈을 들여 전국 방방곡곡을 다니며 둘째를 갖기 위해 애써야 했다. 하지만 엄마는 둘째를 갖지 못했다. 무남독녀로 살아온 나는 어릴 때 형제. 자매가 있는 아이들을 부러워하며 자랐는데 신나게 놀다가 저녁이 되면 자기들끼리 손잡고 집으로 들어가는 모습이 너무나 좋아보였기 때문이다. 혼자 남겨진 나는 엄마 손을 잡고 들어가 엄마가 저녁을 하시는 동안 늘 징징거리며 놀아달라고 조르기도 했다. 엄마가 나랑 놀아주면 저녁을 먹을 수 없음을 깨달은 순간부터 나는 책을 읽었고 다행히 책이라는 친구와 꽤 오랜 세월 벗하고 있다.

크면서도 혼자라는 외로움이 밀려오면 다른 대체할 것들을 찾아 그 외로움을 물리쳤고, 그러면서 그 방면으로 도가 텄다. 그렇다고 외롭지 않았던 것은 아니다. 교회를 다니면서도 자매끼리 붙어 다니는 사람들을 보면 부럽고, 결혼해서 자매의 가정끼리 아이들을 데리고 여행 가는 모습을 보면 부러웠다. 가장 외로운 순간은 부모님에게 무언가 일이 생겼을 때이다. 부모님의 병환으로 내 마음도 아프고 무너지는데, 현실은 문제를 해결하기 위해 움직여야 했다. 나와 똑같은 감정을 갖는 사람이 딱 한 사람만 있어서 서로 마음으로 의지할 수 있으면 얼마나 좋을까? 하고 눈물 나게 외로웠다. 어떤 사람들은 "형제 많아도 한 놈만 수발들더라!" 하며 위로했지만 나는 돈이나 시간 투자를 말하는 것이 아니라 그냥 같은 마음으로 내 부모의 문제를 바라봐 줄 사람이 필요했다.

이른 아침 출근길 라디오를 듣는데, 갑자기 나의 어린 시절부터 겪었던 모든 일들이 떠올랐고 '지금의 나는 외로운가?'에 대해 스스로 물었다. 나이가 들면 더 외로워진다고들 하는데 감사하게도 예전보다는 덜 외로워졌다. 내가 울면 나를 바라보는 딸들과 가족이 있고, 내 마음을 돌아봐 주는 하나님이 주신 자매들도 생겼기 때문이다. 더 중요한 본질로 들어가자면 나는 나와 친해지고, 나를 이해하고, 나를 북돋아 주고, 내가 그럴 수 있음을 알아주니 덜 외로워진다. 타인은 늘 나를 외롭게 한다. 결국 나를 외롭지 않게 만드는 건 '나'이더라. 외로웠던 참외가 그리 단맛으로 익어가 우리에게 맛의 기쁨을 주듯, 홀로 비와 어둠과 바람과 땡볕을 견디고 밖이 아닌 내 안에서 익어가는 성숙을 맛본다면 결국 외로움을 이길 평안을 가질 수 있지 않을까!

나의 장은 사랑스럽다

　요새 들어 부쩍 뷔페에 갈 일이 여러 번 생겼다. 뷔페에 가면 아까운 '소식좌' 스타일이라 잘 가지 않는데 두어 번의 결혼식과 작은 아이가 할머니 할아버지를 위해 대접한다고 해서 가게 되었다. 그러다 보니 기름진 음식을 여러 번 먹게 됐고 저주받은 장은 여지없이 탈이 났다. 한 번 탈이 나면 음식을 가려 먹어도 3~4일은 고생해야 한다. 화장실이 가까이 있으면 아무 일도 아니지만 화장실이 없는 경우는 죽음이다. 다행히 우리나라의 화장실 문화는 단연코 세계 최고라 어디를 가도 깨끗한 것은 기본이고, 파우더 룸까지 겸비된 곳도 있고, 꽃이나 화분으로 장식해 화장실이 식물원 같은 분위기를 주는 곳도 있다. 아름다울 뿐 아니라 게다가 매우 실용적이기도 하다. 휴대폰을 놓아두는 문고리나, 각각의 칸마다 고리가 달려 가방이나 옷을 걸어두기 십상이다. 가끔은 눈높이에 시나 아름다운 문구가 적힌 글도 붙여 놓아 화장실이 생각하는 자리가 되기도 하다. '아름다운 사람은 머문 자리도 아름답습니다.'라는 기가 막힌 글은 어디서나 볼 수 있다. 남양주 쪽의 어느 화장실은 사면이 유리로 된 화장실인데 사람이 들어가면 불투명이 되고, 나오면 다시 투명유리로 변하는 마술 같은 곳도 있다. 이곳은 다들 한 번씩 들어가 보고 싶어서 길게 줄 서서 이용하는 진귀한 장면도 연출된다. 이렇듯 화장실에 대해 말하자면 전국적으로 말할 거리가 한가득인데, 화장실에 대해 아는 것도, 할 말도 많은 이유는 따로 있다.

바로 나의 사랑하는, 하지만 저주받은 '장' 때문이다. 한 번은 터키에서 그리스로 넘어가는 날이었는데 터키 음식이 나에게 맞지 않아 거의 굶다시피 했고 뭐라도 먹을라치면 화장실행이었다. 아침 식사도 거르고 버스에 올라탔는데 속이 부글부글해서 마음이 안절부절못하였다. 역시나, 국경을 넘어 그리스의 어느 고속도로 위에서 나는 대형 버스를 세우고야 말았다. 내 안색을 본 가이드는 길게 설명할 필요도 없이 바로 세웠고 나는 가이드라인 뒤로 뛰었다. 그 차에 타고 있던 많은 이들이 눈에 밟혔지만 창피하지 않았다. 일말의 이성도 나에겐 없었기 때문이다. 다시 차로 돌아왔을 때 민망하게도 차에 있던 분들이 박수로 나를 환영해 주었다.

또 기억에 남는 건 필리핀 레가스피로 봉사활동을 갔을 때다. 이곳으로 대략 10여 년을 선교여행으로 봉사활동을 다녔는데, 가기 전마다 나의 제일 기도 제목은 '장'이었다. 그곳은 워낙 열악해서 바다 위에 막집을 지어 사는 곳이라 화장실이 딱히 없다. 우리가 일하는 곳은 화장실이 있지만 화장실에 들어가면 오히려 구토 증상까지 더해지는 곳이라 죽기 일보 직전까지 참아야 했다. 더구나 다른 곳으로 이동할 때는 화장실은 거의 없었기에 장이 한번 뒤틀리면 나는 식은땀에 등이 젖고 불안한 마음으로 더 힘들었다. 그중 가장 고생했던 일은 장이 좋지 않은 기미가 보이자, 지사제를 먹었는데 그게 너무 효과가 좋아 한국으로 돌아와서도 변비로 결국 병원에 가서 해결해야만 했더랬다.

이런 장을 갖고 태어난 나는 내 몸에 맞춘 생활을 하느라 늘 소식을 하는 편인데 뷔페의 기름진 음식으로 탈이 났고, 다음 날은 지인의 결혼식도 다녀와야 했다. 결혼식장에서 가볍게 먹었음에도 가족들과 집으로 오는 길에 장이 슬슬 뒤틀리는 신호를 보냈다. 나는 배를 꼭 잡고 대략 30분 정도를 가면 집이니 참아볼 요량이었다. 하지만 사랑스러운 나의 장은 인내심이 없었다. 곧바로 신호가 왔고 더 이상 참을 수 없어 거친 소리로 아무 데나 내려 달라고 요청했다. 차만 다니는 길이라 주위에 상가가 보이지 않아 난감한 상황이었다. 앞쪽에 천주교 성당이 보였지만 불이 다 꺼져있어, 그냥 지나치려 하는데 남편님이 성당에 화장실이 있을 거라며 차를 세워주었다.

    문이 닫혀 있을까 봐 조마조마하며 달려갔는데 한쪽 문이 활짝 열려있었다. 행여 누구라도 만나면 사정 설명을 하려고 두리번거렸지만 아무도 보이지 않아 건물 안으로 들어갔다. 반갑게도 바로 문 옆이 화장실이었고 나는 헐레벌떡 들어가 볼일을 보았다. 잠시 뒤, 화장실을 나오는데, 마음에 여유가 흘러넘치고 미소도 지어지는 거다. 그러면서 드는 생각! '그렇지. 종교계가 이렇게 사소하지만, 화장실을 개방함으로 지나다니는 사람들의 편의를 봐주는 게 작은 사랑의 실천이지.' 너무나 고마워서 누구라도 마주치면 인사하려 했지만 결국 아무도 마주치지 않았다.

차로 돌아와 부드러운 목소리로

"이제부터 성당을 좋아하기로 했어. 훌륭하게도 화장실을 개방해 놓았더라고. 말로만 사랑의 실천을 하는 게 아니라 이런 게 진짜 사랑의 실천 아니겠어?"

라고 하니 다들 어이없어 웃었다. 하지만 내 말은 진심이었다. 요즘 코로나로 대다수의 건물이 문을 꼭 닫아놓는다. 내가 다니는 교회도 문을 닫아 성도인 나도 평일에 들어가기가 쉽지 않다. 개방하면 더러워지는 것은 기본이고, 다수의 사람이 들어와 위험한 일이 일어날 수도 있기에 화장실 개방은 골치 아픈 일일 것이다. 그런 일을 감안하고라도 이렇게 작은 일부터 실천하는 것이 종교계가 보여야 하는 일이라 생각한다.

화장실 들어갈 때는 아무 생각이 없었지만, 나올 때는 별의별 생각을 한다. 이래서 '화장실 들어갈 때 다르고 나올 때 다르다'라고 하나보다. 우리의 삶도 이렇게 이중적 태도의 반복이 아닐까? 절박할 때는 교회를 찾고 절을 찾아 기도하고 세상 그리 겸손할 수 없는데, 그것이 채워지면 세상 그리 교만해지는 게 '나'이자 '우리'인 것이다. 취준생일 땐, 만 원짜리 한 장이 그리 컸건만, 직장인이 되면 월급 받고 바로 '플렉스' 해버리는 심리, 돈 빌릴 땐 그리도 간절하건만,

돈 갚을 때 되면 잠수 타거나 큰소리치는 모양새 등 이중적 모습은 곳곳에 만연해 있다.

그러나 다시 생각하면 절박했던 순간, 성당의 화장실이 나를 구했듯이 지금까지 살면서 절박했던 순간마다. 다 열려있지 않은 듯했으나 열려있는 하나의 문은 반드시 존재했었다. 지인의 배려라는 이름의 문으로, 가족이라는 사랑의 문으로, 어느 날은 성실한 노력의 대가로의 문이, 심지어 낯선 타인으로부터의 친절의 문도 경험했다. 이런 문들을 통과하며 나의 절박함은 채워졌고 나도 이제 나에게 있는 문을 열어주기도 하고, 서로에게 자신의 문을 내어주기도 한다. 그 열린 문들로 인해 서로의 절박함이 덜 해지기도 하고, 절박함으로 느껴지기 전 단계에서 멈출 수도 있다. 급할 때 어디서든 화장실은 꼭 있었으면 좋겠고, 그 문은 항상 열려있기를 바란다. 그리고 화장실을 나올 때 모두가 다른 생각은 하되 화장실에 대한 감사함의 본질은 잊지 않길 바란다. 그 감사함이 또 다른 문이 되어줄 테니 말이다.

텀블러 두 개의 철학

    낯선 도시로 이사할 때마다 당황스러울 때가 적잖이 있다. 낯선 건물, 낯선 길, 낯선 사람들로 이사한 곳이 내 집임에도 남의 집처럼 느껴지게 한다. 필요한 물품을 사려면 어디에 뭐가 있는지 모르니 난감하고 휴대폰을 들고 찾아가야 하는 번거로움도 있다. 이사한 곳이 내 집처럼 편안해지려면 적어도 3개월은 걸려야 한다. 길도 익숙해지고 주변 상권도 눈에 들어오면 비로소 내 동네처럼 느끼게 된다.
    몇 년 전, 어쩔 수 없는 사정으로 2년 반 동안 살 곳이 필요했고, 부랴부랴 이곳저곳을 알아보게 되었다. 이왕 가는 김에 살아보지 않은 지역과 지하철 역

근처라는 조건으로 알아보았는데 다행히 맞는 집을 구했고 기간 안에 이사했다. 운이 좋게도 동료 교사 중에 이곳에 오랫동안 살고 있는 분이 계셨는데 이분과는 눈인사만 하는 정도였지만 이사하면서 이것저것 묻고 답을 얻다보니 가까워졌다.

"목욕탕은 어디 있어요?"라고 물으면 목욕탕은 저쪽에도 있고, 이쪽에도 있는데 이쪽이 좀 더 새로 지어서 좋다며 부수적이지만 꼭 필요한 이야기도 해준다. 게다가 "선생님, 1번 출구로 가면 채소 가게가 있는데 훨씬 싸고 신선해서…" 등등 이사한 뒤 거의 매일 연락하는 사이가 되었다. 집도 가까워 아침마다 출근도 같이하기로 하고 8시 정각, 아파트 정문에서 눈이 오나 비가 오나 우리는 만나 함께 출근했고 별의별 이야기를 꽃피우며 피곤한 출근을 기분 좋게 시작했다.

둘 다 아침형 인간이다 보니 아침 준비를 하고도 시간이 넉넉한 바람에 어느 날은 별다방에서 달달 구리한 바닐라 라테를 사 먹기도 하고, 일찍 여는 카페에서 토스트 세트를 미리 주문해서 잠시지만 앉아 먹는 여유를 즐기기도 했다. 하필 가는 길이 벚꽃이 피고, 개나리도 피고, 단풍도 물드는 곳이라 우린 데이트하는 느낌으로 출근하는 호사를 누릴 수 있었다. 퇴근 후엔 늘 침대와 한 몸인 날 이끌어 1시간씩 함께 걸으며 더욱 돈독한 사이가 되었다. 몇 년째 만나니 이제 눈만 봐도 알만한 사이가 되었다. 감사하게도 커피를 사랑하는 나를 위해 이분은 집에서 맛난 커피를 매일 내려온다. 텀블러 하나 들고 다니기에도 가볍지 않은데 두 개를 매일 들고 왔다가, 들고 가는 수고를 기꺼이 하신다. 가끔은 미안한 마음에 그냥 학교에서 먹을 테니 가져오지 말라 하는 데도 괜찮다며 준비하는 선생님에게 고마움을 느낀다.

   우린 둘 다 바리스타 자격증을 딸 정도의 커피광이다. 커피를 무지 좋아하지만 아무 커피나 먹지 않는 까다로운 내 입에 맞게 선생님은 아침마다 적당한 농도의 커피를 만들어온다. 텀블러에 에스프레소만 넣어 학교에서 뜨거운 물만 넣으면 그래도 좀 가벼울 텐데, 그러면 맛이 덜하다나 뭐라나 하면서 굳이 기계의 뜨거운 물을 넣어 커피를 맛있게 만들어오는 훌륭한 바리스타다. 오늘도 커피를 준비해 온 선생님에게 미안한 마음에 이제부터는 커피 가져오지 마세요. 들고 다니기에 너무 무겁잖아요 했더니 선생님은 이야기하신다.
   "괜찮아요, 인생의 무게에 비하면 커피의 무게는 아무것도 아니에요."라는 우문현답을 하시고는

나라는 사람으로 살아가는 위해

"커피는 갈 때는 무겁지만 올 때는 가볍잖아요. 인생은 그렇지 않더라고요"라며 말을 덧붙이신다.

순간, 잠시 정적이 흘렀다. 머릿속에 아주 짧은 영화처럼 나에게 무거웠던 장면들이 스쳐 지나갔다. 남자 친구만 생기면 행복할 줄 알았는데, 달달함은 잠시고 연애의 무거움은 나를 눌러 힘들게 했고 아이를 낳을 땐 좋기만 했으나, 키우는 내내 아니 클수록 나에게 태산 같은 존재가 됐다. 아이들이 대학생만 되면 완전 자유로울 거로 생각했으나, 바램은 바램일 뿐 다른 무게감으로 나에게 다가와 여전히 무거운 존재로 있다. 직장은 어쩜 이리도 한결같이 무거운지. 우리는 정적 속엔 말하진 않았으나 같은 생각을 하고 있음을 확신할 수 있었다.

아무 생각 없이 툭 던진 질문에 묵직한 답변이 돌아오자 "와, 아침부터 왜 이래요? 이거 글로 써야겠어요."라고 말했다. 그러면서 다시 생각한다. 커피는 갈 때는 무겁지만 다 마신 후에는 덜 무거워진다. 그러나 인생은 살면서 더 가벼워지거나 덜 무거워지면 좋으련만 살수록 그 무게감은 빠르게 더 무거워지니 나이 먹는 것이, 시간 가는 것이, 무엇을 책임지는 것이, 어떤 것을 더 움켜쥐는 것이 무섭기도 하다.

선생님이 머리를 자른 듯해 머리했냐고 물으니 2주 전에 하셨단다. 나는 멋쩍어하며 좀 달라 보이는데 뭐가 달라졌는지 물었더니

"어제보다 하루 더 나이를 먹었죠." 하신다. "푸하하하"하고 서로 웃으며 우리는 피곤하지만 즐겁게 출근한다. 이런 철학적이면서 심오한 대화를 출근길에 막던지는 우리는 생각하는 교사다.

나라는 사람으로 살아가는 위해

궁색함을 벗어나는 방법

 수년 전 복잡한 생각보다는 단순한 삶을 선택하기로 마음먹고 지금까지 노력 중이다. 분석하자면 삶을 나누면 일상이 되는데 일상을 세분화하면 일, 교회, 가정, 단순하게 세 가지로 나누어진다. 세 가지의 바퀴를 단순하게 열심히 굴리다 보면 어느 순간, '내가 지금 뭐 하고 있는 거지?'라는 단순함의 세계를 침범하는 물음이 생긴다. 그 물음을 쫓아 계속 복잡해버리면 시나브로 내 삶이 초라해지며 스스로가 궁색해지게 된다. 이 과정을 반복하다 보니, 복잡해져 궁색함을 느끼는 건지, 궁색해져서 단순함을 선호하게 된 건지는 모르겠지만 〈단순하게 살자〉라고 스스로 다짐하며 복잡히지 않으려 무척이나 노력하며 살게 됐다. 이런 방어적 자세와 더불어 궁색함의 공격이 들어왔을 때 사랑하는 자신을 보호할 보호장비가 필요함을 느꼈고 내가 무얼 할 때 행복감을 느끼는지에 대해 연구했는데 반복적 경험으로 제일 확실한 몇 가지를 터득했다.

    첫째가 일그러진 나로 인해 마음이 죽을 것 같을 때는 떠난다. 어디로든 조용히 떠나 마음의 눈에 쓰인 일그러진 비닐을 떼어내는 데 집중한다. 작은 일에도 웃고 평범한 자연에도 감탄하며 비닐이 티처럼 작고 무용함을 깨닫는다. 자연의 힘은 위대하고 효과가 커서 대부분 회복되어 돌아온다. 둘째로 내가 시들해졌거나 부끄럽다는 감정이 들어오면 오늘처럼 눈과 마음에 쏙 드는, 커피 향내가 짙은, 책장과 책이 최고의 인테리어인 그런 곳에 앉아 쉰다. 손에는 글을 쓸 수 있는 노트북과 읽고 있던 책 한 권과 뭉글뭉글 김이 나는 짙은 고동빛 커피 한잔이면 충분하다. 그 순간의 설렘이 내가 살아있음을, 아직 죽지 않았음을 인지하게 하고 늘어져 있던 내 눈빛을 다시금 빛나게 만든다. 잠시 멈췄던 손가락은 카페인의 힘으로 글을 쓰며 나의 회복을 축하한다. 가끔이지만 이런 시간을 누릴 수 있고, 이런 곳을 알고 있고, 갈 수 있는 몸뚱이가 나에게 있음에 감사한다. 많은 돈은 없지만 이곳을 이용할 수 있는 만큼의 돈을 갖고 있고, 옆에는 나와 함께 이 시간을 즐겨줄 지인이 있음에도 없음에도 감사한다. 이러다 보면 '아무리 열심히 살아도 나한테 남은 게 뭐가 있어?'라는 졸렬한 마음이 '내가 가진 것이 있구나'의 품위 있는 마음으로 변한다. 노력해도 안 되는 '궁색한 나'보다는 '노력하고 있는 나'가 훨씬 멋지다.

    죽을 때까지 인생을 결론 내지 말자. 나라는 사람은 이미 결정된 삶처럼 보이나 실은 정해진 건 아무것도 없다. 거창한 무언가가 다 될 것 같았던 어린 날의 꿈도 아니고, '해도 해도 안 되지만, 하다 보면 뭐 하나라도 하겠지'라는 젊은 날의 막연한 신념도 아니다. 무언가가 되지 않아도, 하지 않아도 하루하루를 살다 보니 벅찬 인생이 되어 있더라. 쓴 경험도, 단 경험도, 짭조름했던 기억도, 설탕처럼 녹아내리던 순간도 모두 벅찬 인생의 양념이 된다. 이리 말하다 보니 마치 김형석 교수의 『백 년을 살아보니』의 한 구절 같지만, 백 년까지 안 살아봐도, 복잡한 생각으로 단순하게 살기만 해도 느껴지는 바가 탑처럼 쌓인다. 기억하자. 내 탑에 쌓인 것은 궁색하지 않다. 빛나는 내 탑을 자랑하련다.

혼자의 가치

어릴 적 나의 결핍 중 가장 대표적인 것이 형제가 없어 외롭다였다. 아이들과 놀다 저녁때가 되면 삼삼오오 형제끼리 손 잡고 돌아가는데 나는 혼자 집으로 돌아가야 했다. 그 느낌이 참 싫었던 기억이 난다. 생각해 보면 그 외로움은 잠깐이었는데 사람들이 "혼자라서 외롭겠다."라고 늘 이야기하니 그 말의 영향력으로 '혼자인 건 외로운 거구나!'라고 각인된 거 같다. 자라면서도 내 꿈은 언니든 오빠든 동생이든 상관없이 그런 관계를 맺을 수 있는 사람이 생기기를 소망했고 끊임없이 노력했다. 딱히 외롭다고 느끼지 않으면서도 왜 그랬는지 싶을 만큼 언니들에게 목을 매기도 했다.

한번은 한 사람을 너무 사랑해서 내 마음이 너덜너덜해지는 것을 10년이나 참았던 적도 있다. 물론 그 시간을 후회하지는 않지만, 자신을 너무 소홀히 대했다는 자책은 남는다. 이 경험 또한 나에게 약이 되어 나보다 타인을 먼저 위하는 것은 진정 행복해질 수 없음을 깨닫는 계기가 됐다. 결혼 후에도 이 결핍은 따라다녔는데 지인들이 자매끼리 여행 가는 걸 보거나, 집안의 큰일들을 함께 해결해 가는 걸 보면 배가 아플 만큼 부러웠다. 특히 엄마가 암에 걸려 투병할 때 나와 같은 마음인 사람이 딱 한 명만 있어서 서로에게 위로가 되었으면 하는 마음이 컸었다. 물론 형제끼리 돈 때문에 싸우고 의가 상하는 집안도 여럿 봤으나 눈에 들어오지는 않았다. 다행히 딸들이 크면서 아이들은 나의 친구이자 자매가 되었다. 부모님께 일이 생기면 아이들은 발 벗고 나서서 해결했고 내가 신경 쓸 일을 만들지 않으려 배려했다. '아, 자매가 있으면 이런 느낌이겠다.' 느낄 수 있었다. 그러나 그런 시간도 잠깐, 아이들도 자기 삶으로 떠나갔다.

이제 나는 비로소 생각한다. '혼자인 건 외로운 게 아니다.' 이 명제의 의미가 바뀌면 내 마음도, 세상도 달리 보인다. 모든 인간은 혼자다. 피를 나눈 사이일지라도 혼자다. 혼자임을 인지하고 스스로 잘 세워질 때 우리는 더불어 잘 살 수 있다. 혼자가 어려운 사람은 함께 하는 것도 힘겨워지는 법이다.

그렇다면 '바람직한 혼자'는 어떡해야 할까? 홀로 인 나를 위해 가장 기본적인 '혼자 바르게 서 있기'부터 연습해 보는 거다. 뒤뚱거리지 않고 흔들리지 않고, 미세한 바람에도 영향받지 않고 내가 바라보고 싶은 방향을 찾아 몸을 곧추세운다. 눈빛은 강렬하나 부드럽게, 입꼬리는 살짝 올리며 넉넉한 가슴을 나타낸다.

여기까지 준비되었는가! 다음은 한 발로 서보기, 두 발로 뛰어보기, 손을 들어 하늘로 곧게 뻗기 등 다양하게 표현하며 사랑하는 나를 훈련 시킨다. 내가 나를 사랑스럽게 바라보게 될 때, 나의 모습을 제대로 마주할 수 있다. 미워 보이는 얼굴이 아니라 예쁘지 않아도 마음에 드는 얼굴로, 좋은 성격은 아니지만 차츰 좋아지는 성격의 나로 변화하면 된다. 참 어려운 이야기지만 말이다.

그다음은 '모든 인간은 외롭다는 것'을 아는 거다. 나도 외롭고 너도 외로우면 서로 불쌍하지 않다. 나만 외롭다는 생각이 힘든 거다. 사실 외로운 건 부정적인 의미가 아니다. 혼자되어 느끼는 쓸쓸한 마음인 건데 이런 감정도 느껴봐야 우리는 성장할 수 있고, 비로소 자신을 돌아보며 외로울 다른 이를 생각할 수 있다. 그러니 오히려 긍정적인 감정일 수도 있다. 더 나아가, 건강한 혼자로서 회복한 나는 눈을 돌려 외로운 타인을 바라보고 옆으로 편 팔로 그의 인생을 안아주고 보듬어 내 발로 잠시 버텨주는 거다.

    이 세상은 너도 소외되지 않아야 나도 소외되지 않음을 이 나이가 되니 알 것 같다. 혼자가 아니라고 발버둥 치며 산 세월을 지나, 혼자라 외로운 이를 찾아 어깨를 빌려주기까지 참 많은 시간이 흘렀다. 그 시간이 있었기에 지금의 내가 있음을 감사하며 지금도 혼자라 느끼며 힘겨울 그들을 찾아 나선다.

말하지 않아도 사랑인 줄 알았다

2

사랑한다는 말은 이렇게 남아

사랑한다는 말은 이렇게 남아

통창 너머, 어렴풋한 기억너머

시골 엄마네 집은 거실에 통창이 있어 그 창으로 수십 개의 산을 너끈히 볼 수 있다. 집을 지을 때 풍경을 위해 큰 창이 있어야 한다고 입을 모아 이야기한 결과로 사계절과 대자연을 방안에서 관람할 수 있다. 햇빛 찬란한 날은 물론이고, 비가 오는 날은 비의 아름다움을 한없이 바라보게 된다. 그 중 백미는 눈 오는 날인데 한 줌의 여백도 없이 빽빽이 내리는 눈은 보는 것만으로도 기가 막힌 장관이다. 한 알의 눈이 내려 금세 세상을 하나의 색으로 물들이고, 하나도 닮지 않은 것들끼리 어우러진 산수를 만들어낸다. 자연은 신이 인간에게 준 가장 위대한 선물임이 분명하다.

운전 중에 김창완의 <창문너머 어렴풋이 옛 생각이 나겠지요>라는 노래가 흘러나왔다.

"그런 슬픈 눈으로 나를 보지 말아요. 가버린 날들이지만 잊혀 지진 않을 거예요. 오늘처럼 비가 내리면 창문너머 어렴풋이 옛 생각이 나겠지요."

구슬픈 가사가 내 귀에 닿았다. 내 마음의 창문 끝에 주렁주렁 달린 어렴풋한 옛 기억들이, 손들고 자기 좀 기억해 달라 떼쓰는 아기같이 속 시끄럽게 굴었다. 인간은 과거를 아름답게 기억한다고들 하는데 속 시끄럽게 구는 것 중에 이쁜 것은 없고 잊고 싶던 것들이 줄줄이 구슬처럼 올라오고 있었다.

아마 '가버린 날들'이나 '슬픈 눈'이라는 단어가 앞에 제시되어 그랬을까? 내가 운전하고 있는지도 모르게 내 생각은 이미 창문 너머의 어딘지 모를 곳으로 떠돌고 있었다. 유년 시절 엄마에게 거짓말하고 준비물 비를 많이 받아 불량식품 사 먹다 엄마에게 딱 걸려 무진장 맞았었네, 유난히도 하기 싫었던 야간 자율학습을 하며 죽음에 대해 생각했던 시기도 있었구나!, 부모님의 부부싸움 전쟁터의 한가운데에서 홀로 견디는 작은 아이였구나!, 남편이 될 줄도 모르고 남자 친구와 이별하고 그리도 울었네, 아이가 열이 펄펄 나서 급히 택시에 탄 뒤, 기사 아저씨에게 우리 아기 죽는다고 엉엉 울며 응급실로 날아갔었는데 그 아저씨는 잘 계시나 모르겠다.

창틀을 거시적인 통창으로 바꿔본다. 조각조각 마음의 창을 시골집의 커다란 통창으로 바라보니, 거짓말하고 엄마에게 죽도록 맞아서 거짓말을 덜 하는 어른으로 자랐지. 죽도록 공부를 싫어하던 청소년은 이후 서른살이 넘어 본인이 공부를 싫어하는 사람이 아니었단 걸 뒤늦게 깨닫고 늙은 지금까지도 학문을 탐구하며 살고 있다지. 부모님의 싸움 속 떨던 그 아이는 자라서 자기도 남편이랑 겁나게 싸우며 가정을 지키고 있다네. 울고불고하며 헤어진 남친은 남편이 되어 주로 사랑과 정으로 살다 가끔 원수로 변해 헤어지고 싶은 마음을 꾹꾹 눌러 참고 있고, 죽는다고 소리치던 아가는 잘 커서 나보다 훨씬 큰 어른이 되어 훨훨 날아가 자기 삶을 살아내고 있다지, 택시 아저씨는 얼굴도 기억나지 않지만 내게 괜찮을 거라고 위로해 주시던 따스함은 기억나네.

그래, 그렇지! 작은 조각 인생의 창들이 모여 중창이 되고, 중창을 터서 크게 통창으로 만들어 그 너머를 바라보면 기가 막힌 우리네 인생 풍경이 펼쳐지는구나! 인생은 작지 않다. 오히려 너무 길고 거대해서 작은 창으로는 삶의 인과관계가 보이지 않는다. 그러니 슬픈 눈이 되고 어렴풋이 가버린 날들이 되는 것이다. 통창으로 바라보는 우리네 인생은 다 이해되는 시간이며, 그땐 그럴 수밖에 없었으며, 내겐 최선의 길을 걷고 있는 순간들의 지평선일 수 있다.

    내 창을 슬프게 보면 계속 슬픈 눈이 된다. 창틀을 닦고 더 넓혀보자. 그 너머 보이지 않던 부분이 보이면 내가 이해되고, 그가 받아들여지며, 그때가 너그러이 용서된다. 안 그래도 각박한 세상살이, 내 창을 대청소해서 고인 부분, 썩은 자리는 도려내고 닫힌 창문을 활짝 열어 신선한 공기로 환기하자. 답답하고 뿌연 지금의 이 자리가 달라질 수 있다. 죽는 날까지 변하지 않을 것 같은 숨이 조여오는 긴장감도, 어깨를 떨며 숨죽이는 두려움도 다른 감정으로 변할 수 있다. 기대하자, 내 창의 프레임이 휘황찬란한 빛깔로 바뀔 수 있음을, 그리고 그 창의 전적인 주인은 나임을!

사랑한다는 말은 이렇게 남아

어른도 사랑을 먹어야 행복하다

　사람이 한번 크게 힘들어보면, 내 곁의 사람들이 진짜 내 사람인지 아닌지 구별할 수 있다는 말이 있는데 이번에 끔찍하게 아프면서 좋은 추억 하나가 생겼다. 속이 울렁거려 이틀하고 반나절을 굶었다. 무슨 심하게 입덧하는 사람처럼 일어나기만 해도 구토 증세가 있어 앉는 것도 힘들었다. 평소 좋아하는 음식을 가져다주어도 보기만 해도 울렁거렸고 그리 3일을 버티다 보니 엄마가 그리웠다. 늘 가까이 살아서 아프거나 일이 생기면 엄마가 오셔서 챙겨주었는데 지금은 쉽게 올 수 있는 거리가 아니었다. '에고 이 나이에도 아프니 엄마가 그립구나!'

배가 홀쭉해지고 얼굴은 잿빛으로 말이 아니었다. 먹은 게 없어 기운도 없었는데 저녁쯤에 친언니만큼 가까운 지인의 연락이 왔다. 지금 밥이랑 반찬을 했으니 택시 타고 우리 집 근처로 온다는 것이다. 하루 종일 근무하고 밤늦게 도착해 부랴부랴 찰밥을 하고, 평소 내가 잘 먹던 반찬을 기억해 만든 것이다. 난 전화를 끊고 눈물이 핑 돌았다. 그분도 힘든 하루를 보내고 집에 갔을 텐데, 나를 위해 힘듦을 참고 저녁거리를 만들고 이곳까지 택시를 타고 오다니 그리고 요즘 건강이 좋지 않아 본인도 얼굴이 파리하게 다니는데 기껏 과로 정도인 나를 챙기다니!

　　이분은 바리스타로 백화점에서 카페를 운영하는데 아침부터 저녁 8시까지 긴 시간을 근무한다. 이 카페는 오랫동안 함께 다니는 4명의 아지트인데, 퇴근 뒤 모이면 사장님이 퇴근할 때까지 기다렸다가 같이 나올 정도로 우리 사이는 돈독하다. 사장님은 얼마 전 심장이 불규칙적으로 뛰면서 한 번의 어려움을 겪었는데 아픈 뒤로 안 그래도 하얀 얼굴이 더 허해졌다. 그런 몸 상태인데도 퇴근 후 카페로 찾아가면 피곤한 내 얼굴부터 살피며 커피에 차에 디저트에 옆 떡집의 떡까지 화려한 먹을거리를 대접해 준다. 처음엔 돈을 내고 커피를 마셔야 하는 게 아닐까에 대해 고민하다 이제는 으레껏 공짜 커피를 즐기고 있다. 이런 분이 늦은 퇴근 뒤에 찰밥과 나물, 국까지 끓여서 내 집 앞까지 오신 것이다. 황송한 마음에 잠옷 차림으로 내려가니 내 손에 음식을 쥐여주며

"얼굴 상한 거 봐라, 먹어야 낫지, 엄마도 옆에 없는데 뭘 먹었겠니?"한다.

"퇴근해서 피곤하잖아, 금방 나을 텐데 여기까지 왜 와?"하며 볼멘소리를 한다.

"아냐, 하나도 안 피곤해. 잘만 먹어. 얼른 들어가라, 가서 밥 좀 먹고 푹 쉬어."하며 뒤도 안 돌아보고 갔다. 묵직한 음식을 손에 들고, 묵직한 정 덩어리를 마음에 들고 터덜터덜 집으로 들어왔다. 그분의 정성을 생각해 억지로 저녁을 먹었다. 밥이 달았다. 입맛이 돌아온 건 아니지만 그 마음을 생각하고 감사하니 밥이 달다.

문득 생각났다. 결혼 전에 엄마가 해주던 밥은 늘 당연한 거라서 고마운 줄 모르고 잘 안 먹거나 투정을 부리기 일쑤였다. 그러나 엄마가 멀어진 뒤 엄마의 된장찌개는 귀한 음식이 되었고 우리 식구는 끝까지 모두 먹어 치웠다. 아프거나 입맛이 없으면 으레껏 생각

나는 된장찌개, 엄마표 된장찌개는 특별하다. 엄마가 손수 만든 찐득한 된장에 직접 캔 냉이를 넣어 국물보다 건더기가 더 많아서 한 끼를 먹으면 보양이 되는 진귀한 음식이다. 시골에 내려가기 전, 머 먹고 싶냐고 엄마가 물으면 우리는 모두 한 입으로 된장찌개를 매콤하게 끓여 달라고 한다. 엄마는 그런 거 말고 더 좋은 거 말하라며 되묻지만 우린 언제나

"아니야, 된장찌개 한 솥 끓여줘. 갈 때 싸갈 거야"라고 한다. 그러면 엄마는 청양고추를 가득 넣어 진짜 한 솥 끓여놓지만 두 끼면 다 먹어 치워 버린다. 게걸스레 먹고 나면 입안이 아주 깔끔하고 속도 개운해진다. 아픈 몸도 낫고, 특히 사라진 입맛이 돌아오게 만드는 마성의 된장찌개다. 생각만으로도 칼칼한 맛에 입안에 침이 고인다.

그러고 보니 음식은 마음으로 먹는다. 내 마음이 어떤지에 따라 음식 맛이 다르게 느껴지기 때문이다. 이번 일을 계기로 감사함이 회복되었다. 추수감사절을 맞아 나에게 이런 가족과 지인들을 주신 분께 감사하고 아픔 속에서도 다시 새롭게 정비할 마음과 계기를 만들어 주심에도 감사하다. 나 또한 더욱 성장하며 받은 보살핌으로 풍성해진 마음을 필요한 이웃들에게 관

심과 정성으로 대하며, 내 기준의 배려가 아닌 타인이 원하는 배려를 하도록 애쓰고 싶다. 이런 마음을 가르쳐 준 고마운 분들, 감사합니다.

알콩이 같은 인간,
동이 같은 인간

우리 집에는 개가 두 마리다. 한 마리는 시골에 계신 부모님과 함께 살고 있는데 보더콜리와 진돗개의 믹스견으로 이름이 '동이'다. 이효석의 『메밀꽃 필 무렵』의 공간적 배경인 봉평에 살고 있어서 그 책 속 주인공의 이름을 따왔다. 이 아이는 진돗개와 보더콜리의 좋은 점을 갖고 있어 매우 영리하고 충직하다. 우리를 지키기에 여념이 없고 눈은 우리만 쫓아다닌다. 영리하지만 머리를 굴리거나 계산하지 않는 순수한 믿음으로 우리 가족을 지켜준다. 집 뒤가 산이라 혹여 산짐승이 내려올까 전전긍긍하며 밤새 짖어 그들이 내려오지 못하게 막아준다. 그래서 2살이지만 목소리가 쉬어 있다. 안타까워 그러지 못하게 해도 이 아이는 그게 본능인 듯 시종일관 같은 모습이라 마음이 아프다. 그래서 더 좋은 간식을 주고 싶고 애틋하지만, 밖에서 생활하는 아이이고, 우리는 서울에 있기에 노부모님이 챙겨주는 데는 한계가 있다.

다른 한 마리는 우리 집에 온 지 1년 된 미니 비숑 '알콩이'이다. 우리 가정을 더욱 알콩달콩 즐겁게 만들어 주기를 바라며 이름을 지었다. 이 아이가 오기 전부터 우리 가족은 마음의 준비를 3년이나 하고 만반의 준비 후에 아이를 데려왔다. 그러니 알콩이가 걷기만 해도 대견스럽고 짖어도 예쁘고 오줌만 싸도 폭풍 칭찬을 하며 매우 예뻐한다. 어떤 똥을 싸는지 관찰하고, 간식도 유기농으로 사료도 좋은 것으로 먹이며 침대에서 함께 잔다. 그러다 보니 이 아이가 우리를 만만하게 여기기 시작했고, 자기주장이 점점 강해져서 버릇이 없어졌다. 심지어 가끔은 성질을 내고 손가락을 물기도 한다. 버릇을 고치려 때리기도 하고 방에 가두어 보기도 했지만, 이미 이 아이는 우리가 자기를 사랑하는 걸 안다.

두 아이를 관찰하며 드는 생각, 비단 개뿐 아니라 인간 세계에도 이런 인간상이 있다. 특별히 애쓰지 않아도 예쁨 받는 사람과 애를 써야 예쁨을 받는 사람, 힘껏 일하는데도 사랑보다는 짠한 사람, 분에 넘치게 사랑받는 사람 등이 떠올랐다. 윌리엄 서머싯 몸의『달과 6펜스』에서도 이런 두 인간상이 나온다. 전혀 친절하지 않고 오히려 뿌루퉁하고 배려심이라고는 하나도 없는 주인공 찰스 스트릭랜드와 그 주인공을 따뜻하게 감싸주고 자기의 돈을 들여 먹여 주고 재워주는 배려심의 끝판왕 더크 스트로브가 나온다. 심지어 스트로브의 아내는 남편을 버리고 스트릭랜드에게 매달려 동거까지 한다.

    주인공인 스트릭랜드에게 등장인물들이 호의를 베풀고 사랑하기까지 하는 장면들을 보며 이해가 되지 않았고 화도 슬슬 나기 시작했다. 반대로 이런 스트릭랜드를 먹이고 입히며 자신의 집도 내어주고 아플 때 간호해 준 스트로브는 쓸데없이 오버하는 수다쟁이로 표현되어 안타까웠다. 급기야 그의 부인이 남편을 버리고 스트릭랜드에게 갔을 때, 스트로브는 좌절한다. 그러나 스트릭랜드는 눈 하나 깜짝하지 않고 미안해하지도 않는다. 이 책을 읽은 사람들도 스트릭랜드는 기억하지만, 스트로보는 그냥 주인공의 지인 정도로만 기억한다. 내가 스트로브라면 억울해 죽을 것이나. 민약

사랑한다는 말은 이렇게 남아

말할 수 있는 동이라면

"나 힘들어. 너희 지키느라 힘들고 나랑 많이 놀아주지 않아서 슬퍼."

라고 말할 것이다. 그리고 알콩이라면

"이쁜 건 알아서, 내가 심하게 이쁘지? 그러니까 내 맘대로 살게 간섭하지 마."

라고 할 것 같다.

사회생활을 하며 남에게 사랑을 구걸하며 살지는 않지만 나보다 다른 이를 더 아껴주면 배가 아프긴 했다. 그래도 하는 것 없이 사랑받는 알콩이의 삶을 부러워하기보다는, 나의 자리를 묵묵히 지키며 내 할 일을 하며 남의 시선이나 인정과는 상관없이 내가 해야겠다고 마음먹은 것들을 해나가고 싶다.

알콩이 같은 인간,
동이 같은 인간 Ⅱ

　부모님과 내가 만나면, 우리 집 댕댕이들도 이산가족 상봉을 한다. 집안에서 인형처럼 관리받는 알콩이는 그제야 '나는 자연견이다!'의 모습으로 정원을 뛰논다. 반대로 집을 지키며 온전히 자연견의 삶을 살아온 동이는 이때만큼은 철저히 관리받는 반려견이 된다. 목욕재계하고, 평소 들어오지 못하는 테라스에서 잠을 자며, 준비해 간 화려한 간식들을 한껏 즐긴다.

　두 마리가 함께 산책하는 것은 마치 아령을 들고 어깨 운동을 하며 전력 질주하는 것과 같다. 체력 소모가 엄청나서 보통은 따로 산책시키지만, 가끔은 이렇게 같이 걷는다. 동이는 풀냄새를 실컷 맡으며 여유롭게 이쪽저쪽을 오가며 거닌다. 그러다 어느 한 곳에 꽂히면 잡아당길 때까지 그 냄새에 흠뻑 취한다. 그럴때면 행복한 표정을 짓고 외부인이 나타나도 크게 경계하지 않는다. 동이는 자신의 힘을 알기에 여유로운데 오히려 동이의 시커멓고 큰 덩치 때문에 사람들이 경계할 정도다. 동이도 그걸 알기에 어느 정도의 거리를 두되 선한 눈빛을 보이며 친근감을 표시하지만 결코 만만히 보이지는 않는다. 무엇보다 동이의 가장 큰 매력은 산책시키는 보호자에 대한 감사와 신뢰를 표현해 우리로 하여금 그 마음을 느끼게 만들어 주는 점이다.

　우리 알콩이는 또 다르다. 생김새부터 고급스럽고 빗질까지 하고 나가면 사람들은 미니비숑 알콩이에 열광한다. "아우 예뻐라. 쭈쭈쭈~" 소리는 언제든 들을 수 있다. 거기에 신상 원피스라도 입히면 단숨에 동네 인싸견이 된다. 다만, 이 아이는 낯가림이 심하고 경계심이 몸집의 몇 배이다. 그래서 지나가는 사람과 눈이라도 마주치면 1초도 기다리지 않고 온 힘을 다해 "왕!"하고 짖어 재낀다. 그렇게 한순간에 산책 분위기를 싸하게 만들고, 줄을 잡고 있는 보호자는 "죄송합니다…"라는 말을 반복하게 된다. 그럼에도 자기가 가고 싶은 카페의 길을 알고 있어 들어가자고 표현하고 카페에서는 조용히 분위기를 즐길 줄 아는, 나름의 감성을 지닌 아이기도 하다. 자신의 모든 욕구를 숨기지 않고 표현하며, 그것을 이루고자 끊임없이 노력하는 열정견이다.

그렇게 두 마리를 데리고 오랜만에 시골길을 걷는다. 역시나 너무 다른 두 마리 댕댕이와의 산책은 쉽지 않다. 동이가 성큼성큼 앞으로 나가자 그 짧은 다리로 이겨보겠다고 온몸으로 달려 나가는 알콩이, 이 아이는 심지어 온몸을 부들부들 떨며 빨리 가려 애쓴다. 안쓰럽기도 하고 젊은 날 내 모습인 듯해 마음이 짠하기도 했다가 얼마 전, 나를 찾아와 성공이 무엇인지 묻던 지인이 생각나기도 했고 자신의 아이를 최고로 키우려 애쓰던 분도 떠올랐다.

비 온 뒤 흙길이다 보니 새하얗고 뽀얀 알콩이의 모습은 온데간데없고 세상 더러운 똥강아지가 되었고 동이는 새까만 아이라 묻어도 티가 나지 않아 그대로다. 그러면서 드는 생각, 나는 부지런히 관리하며 사랑받는 외모의 '콩이' 같은 사람이 되고 싶은 걸까? 아니면 자연스레 늙어가며 눈에 띄지 않는 시꺼먼 '동이' 같은 삶을 원하는 걸까? 자신의 환경에 감사하며 있는 그대로의 삶을 살 것인지, 열정적으로 온몸을 던지며 끊임없이 노력하는 도전적인 삶을 살 것인지, 나는 어떤 삶을 살아왔고 앞으로도 어떤 태도로 살 것인지 이 두 아이를 보며 깊이 사유한다. 그리고 깨닫는다. 이 사랑스러운 두 댕댕이에게서 오늘도 삶의 방향을 배운다는 것을.

사랑하는 사람을 보내고 돌아오는 길

　내게는 내 목숨보다 귀한 사람이 둘 있다. 고소공포증이 있는 나는 놀이 기구를 잘 타지 못하는데 어쩌다 가끔 탈 때마다 죽음의 공포를 느끼고 '다시는 타지 말아야지.'라고 다짐한다. 그리고 내려와서 "난 우리 딸들 시집보내기 전까지 죽을 수 없어!"라고 종종 말하곤 했다. 진심이다. 우리 아이들이 결혼하고 아이들 낳아 키우는 것까지 본다면 이 세상에 그리 미련이 있을 것 같지는 않다. 다시 말하면 내가 이 세상을 사는 큰 의미는 내 아이들이 잘 사는 것을 보는 것이다.
　또다시 말하면 내 인생보다 내 아이들의 인생이 더 귀하다. 그 귀한 아이 중 하나를 호주로 보냈다. 처음에는 4개월만 다녀온대서 허락했는데 그게 6개월로 늘어났고, 3년이 넘어가려 하고 있다. 첫 아이를 보내는 날, 남편은 울음을 참고 참았다. 그러나 눈에 고인 눈물은 감출 수 없었고 그 모습은 우리를 더 슬프게 만들었다. 하필 같이 간 알콩이가 헤어질 때 짖고 끙끙거려 가는 아이는 울고, 보내는 남편도 옷 끝으로 연신 눈을 훔쳤다. 난 헤어질 때 잘 참았다가 집에 와서 목을 놓아 울었다. 든 자리는 몰라도 난 자리는 안다더니 빈 아이 방을 보고 그리 목 놓아 울었다.

 그 마음을 떼느라 한동안 마음고생이 심했다. 이제는 아이가 잘 있는 것만으로도 감사할 만큼 익숙해졌지만, 간간이 가족 모임이 있을라치면 완전체가 되지 못함에 서운하기도 하다. 그런데 이제는 귀한 아이 중 남은 아이마저도 호주로 떠나보내야 한다. 내일이면 아이와 함께 호주로 가 그곳의 귀한 아이를 만날 예정이다. 아이의 생활도 보고 듣고 감사할 분들에게 인사하러 가는 길이 될 것이다. 그리고 또 다른 귀한 아이를 그곳에 두고 올 예정이다. '헤어진다'라는 실감이 나면서부터 마음이 울컥했다. 머리로는 좋은 경험이 될 것이고 떠나보내야 하는 것도 알건 만, 처음도 아니고 두 번째라 프로가 됐건만, 나는 여전히 속이 상한다.

아이를 떼어내는 건 아무리 연습해도 어려운 일인가 보다. 나는 과거지향적인 사람이라 내 안의 사람들과 헤어지는 것을 잘 못하는데 하물며 내 자식은 오죽하겠는가! 예전 어른들이 '품 안의 자식'이라며 키울 때가 가장 행복할 때니 감사하며 열심히 키우라고 조언하셨다. 참, 어른들 말씀은 버릴 게 하나도 없다는 걸 절절히 깨달아 간다.

　　이제 하루만 내 품 안에 있을 아이를 생각하며 담대해 보리라 다짐하지만 사실 남기고 가는 남편이자 아빠의 이름으로 있을 그 사람이 가장 염려된다. 다 떠나고 돌아올 때 자기 혼자 운전해서 올 자신이 없다며 차도 두고 가기로 했다. 그러면서 리무진을 탈까? 지하철을 타고 올까? 하며 혼자 남을 일을 걱정하고 있다. 아마 이렇게라도 마음을 다잡으려고 하는 것이겠지라는 생각이 든다. 평소에도 마음이 약해 동물의 왕국이나, 금쪽같은 내 새끼 같은 프로도 금세 돌려버린다. 동물끼리 잡아먹는 장면이 마음 아프다고, 아이들이 괴로워하는 모습이나 부모들이 우는 모습이 속상하다며 못 보겠다는 것이다. 이런 사람이 가족 모두를 먼 땅으로 보내는 것이다. 가족밖에 모르고 사는 사람인데 당분간 떨어질 생각에 마음이 어려운가보다.

여보, 작은 아이 잘 데려다줄게. 그리고 큰 아이도 잘 있는지 보고 금방 올게. 우리 아이들이 얼마나 잘 성장했는지 지켜보고 다녀와서 다 이야기 해줄게. 조금만 기다려.

겨울 개나리와 친구

　10년 전부터 초등학교 6학년 동창들과 모임을 만들어 정기적으로 만나고 있다. 대부분이 남자 친구들이지만, 몇몇 마음 맞는 여자 친구들도 있어서 더 적극적으로 모임에 참석하고 있다. 6학년 담임 선생님을 수소문해 찾아 뭉클하고 감동적인 시간을 보내기도 했고 힘든 상황에 놓인 친구를 위해 십시일반으로 돕고 위로한 적도 있다. 코로나 이전에는 일 년에 한 번 정도 아이들을 데리고 가까운 곳으로 여행을 가기도 했던 꽤 활동적인 모임이다. 무엇보다 이 모임이 좋은 이유는, 이곳에서는 내가 어른일 필요가 없다는 것이다. 그저 딱 초등학교 6학년 그 시절로 돌아가 조금은 유치하고, 솔직하고, 유쾌하게 그리고 전혀 진지할 필요 없이 그 시간을 즐기다 오면 된다. 그렇다 보니 다시 만난 친구들과 솔직 담백한 관계를 유지하고 있어 자주 만나지는 못하지만 만나면 어제 봤던 느낌이 드는 게 친근하다.

연말과 크리스마스를 앞두고 동창 모임 중 한 친구와 만났다. 몇 년 만에 둘만의 오붓한 만남이었다. 힘든 이별을 겪고도 아들 하나를 아주 잘 키워낸 기특한 친구이자 어려운 환경에서도 마음의 여유를 잃지 않고 긍정적으로 살아내는 심지가 단단한 아이다. 그 친구를 생각하며 선물상자를 만들었다. 핸드크림부터 문구류까지 파우치에 가득 담고 좋아하지 않을지도 모르지만, 카드 대신 내가 쓴 시 〈겨울 개나리〉를 코팅해 넣었다. 여전히 별거 아닌 농담에도 '꺄르륵' 웃어대며 만남을 시작했고 이젠 입에 좋은 음식보다는 몸에 좋은 음식을 찾아 먹자며 나이 먹은 것도 우스워 까르륵 까르륵 웃었다. 식사 후, 멋진 풍경을 자랑하는 카페에 자리를 잡고 준비해 온 선물을 건넸다.

친구는 무슨 이런 맥락 없는 선물이냐며 좋아라 웃었고, 나는 이런 게 요즘 트렌드라며 우겨댔다. 그러다 파우치 속 가장 밑바닥에 깔려있던 시를 꺼낸 친구는 갑자기 멈칫하더니 눈물을 글썽이며 울먹이기 시작했다. 갑자기 달라진 분위기에 당황하며 왜 그래만 반복하는 나에게 친구는 목소리를 가다듬으며
 "이 시가 나를 위로해 줘. '그래, 그럴 수 있지'란 말이 너무 따뜻해."라며 또 울먹인다.
 "마음이 어려웠는데 나한테 괜찮다고 하는 것 같아. 코로나 때부터 많이 힘들었는데... 이 개나리가 나 같아서... 흐흐흑"하며 말하는데 내 눈에서도 눈물이 차올랐다. 이 친구가 얼마나 힘겹게 버텨왔을지 느껴져, 우리는 서로 말없이 눈물을 훔치며 마음을 나눴다.

 마음을 추스른 친구는 자기에게 오늘이 최고의 크리스마스 선물이라며 하나님이 자기한테 힘내라고 이런 선물을 주신 것 같다고 고백한다. '주는 게 받는 것보다 행복하다'는 유행가 가사가 이런 느낌인 거겠지. 내 글이, 내 시가 다른 어떤 이에게 힘이 된다는 것이 이토록 행복할 수 있을까? 이런 느낌 때문에 작가들은 더욱 글을 쓰고 싶어지나 보다. 친구는 살다 보니 내 친구 중에 작가님도 있네. 너무 고맙다고 말하는데 내가 친구에게 더 고마웠다. 나의 시를 통해 위로받고 눈물을 흘리며 감동해 주어서, 그것을 나에게 표현해 주어 더 감사했다.

사랑한다는 말은 이렇게 남아

글은 어마무시한 힘이 있다. 쓰면서 나를 생각하고 정리하고 차분하게 만드는 힘이 있고 세상을 이해하고 받아들이게 만들기도 한다. 그리고 쓸 때의 감정을 고스란히 글로 만들면 희한하게도 그 글을 읽는 독자도 내 감정을 그대로 느낀다. 독자는 내 감정의 글을 읽으며 힘을 받기도 하고 생각의 다름을 알아가기도 하고, 자기의 또 다른 생각의 표현에 동감하기도 한다. 그래서 글은 좋은 마음으로 써야 한다. 친구를 통해 좋은 작가가 되어야겠다는 동기부여를 받았다. 다행이다. 아직 많이 모자라지만 이렇게라도 글을 쓸 수 있어 감사하다.

딸아, 미안하다

    어릴 적, 우리 엄마는 완전 깔끔쟁이였다. 거의 완벽에 가까울 만큼 집은 늘 깨끗했고, 내가 어질러놓고 학교에 다녀오면 방은 다시 먼지 하나 없는 방으로 변신해 있었다. 청소기를 돌리고 걸레로 바닥을 매일, 수시로 닦았다. 우리 집 걸레는 하얀색 수건이었는데 얼룩이 하나도 없었다, 늘 빨아서 삶고 햇볕에 말려 사용했기 때문이다. 엄마는 걸레의 얼룩 하나도 지나치는 사람이 아니었다. 심지어 우리 집은 마당이 있는 주택이었는데 마당도 아주 깨끗했다. 마당에는 키우는 반려견도 있었지만 개 키우는 집의 냄새는 나지 않았다. 엄마는 매일 마당을 쓸었고 개똥은 나무 밑에 파묻어

비료로 사용했다. 오줌은 항상 비눗물로 쓸고 닦았고 필요한 물품들은 뒤 창고에 넣어 늘 정리해 두셨다. 그런 엄마 덕분에 우린 깨끗한 마당에서 삼겹살을 구워 먹기도 하고 평상에서 보드게임을 하며 놀기도 했다.

    엄마에 그 딸이라고, 결혼과 동시에 나에게도 '정리병'이 있다는 걸 깨달았다. 늘 깨끗한 걸 보고 자라다 보니 정리하는 게 습관이 됐고 시간 내어 정리하는 것도 일이라 항상 제자리에 두는 게 몸에 배어 있었다. 물론 엄마처럼은 아니지만, 서랍을 열었을 때 물건들이 흐트러져 있으면 잠이 안 오고 그 서랍만 생각나 결국 서랍을 정리한다. 서랍뿐이 아니기에 평소 어지르지 않고 그때그때 정리하는 습관이 몸에 배어 있다. 하지만 우리 가족은 그렇지 않다. 남편 옷장을 열 때면 마음의 준비를 한다. 옷장 문을 열면 옷들이 가을날의 은행잎처럼 우수수 내 발등 위로 떨어지기 때문이다. 특히나 둘째 아이는 물건을 제자리에 놓는 게 희귀한 일이다. 방을 정리하는 일은 일 년 중 행사인데, 작은 방을 정리하는 데 반나절이 걸릴 정도다. 아이가 옷을 벗으면 허물 벗듯 그대로 놓다 보니 방바닥에 발 디딜 틈이 없다. 공부를 제법 하는 아이인데 방안의 책상은 쓰레기로 가득하다. 전공책은 물론이거니와 다른 책들은 높이를 모르고 쌓여있고, 워낙에 간식을 좋아하는지라 주전부리 껍데기가 여기저기 나동그라져 있다. 한마디로 아이 방은 책더미와 옷더미와 쓰레기의 컬래버인 셈이다. 이 컬래버를 보고 있노라면 눈이 썩는 건 물론이고 정신이 멀쩡하기 어렵다. 이 일로 아이에게 잔소리를 시작하면 서로 관계가 망가질 것 같아 아이 방은 가능한 한 외면하는 편이다.

    가끔 아이는 내 방에도 침입해 내 물건을 가져가기도 하는데, 내 물건을 쓰는 건 괜찮지만 그 물건을 제자리에 두지 않는 행동에는 불같이 화를 낸다. 몇 번 이런 일들이 생겼었고 아이는 내 물건은 되도록 제자리에 두려고 노력했다. 오늘 아침, 화장하다 보니 화장 쿠션이 제자리에 없었다. 바쁜 아침에 짜증이 밀려왔지만, 여러 번을 찾은 뒤 "내 쿠션 만진 사람 누구야?" 하고 소리쳤다. 남편이 화장실에서 나오며 난 아닙니다라고한다. 로션도 안 바르는 남편은 당연히 아닐 것이다. 그 외 단 한 명, 이 소행은 작은 아이다.

    자는 아이에게 가서 "내 쿠션 어디 뒀어?" 하며 소리 질렀다. 아이는 자다 깨서 볼멘소리로 "나 아니야." 한다. '그렇지, 또 아니라고 하지.' 난 당연히 그 말을 믿지 않았다. 이 쿠션이 발이 달린 것도 아니고 나 아니면 아이밖에 없기 때문이다. 자기가 아니라는 아이를 두고 다른 화장품으로 마무리했다. 하지만 그 쿠션을 찾지 못해 짜증이 남아 있었고 나중에 아이가 제정신일 때 자백을 받아내리라 생각했다.

그러면서 솜을 꺼내느라 밑의 서랍을 열었는데 그 안에 그토록 찾던 쿠션이 다소곳이 앉아 있었다. 그 순간, 잊었던 기억이 떠올랐다. 동선을 고려해 매일 쓰는 칸에 쿠션을 옮겨놓았는데 그걸 내가 잊은 것이다. 여러 번의 반복 경험과 나의 고정관념이 벌린 사건이었다. 반복적인 정리 실수는 분명 아이의 잘못이다. 그러나 확신에 가까운 고정관념은 나의 잘못이었다. 나의 고정관념이 이렇게까지 확신으로 표출되다니, 스스로가 놀라웠다.

아이에게 미안한 마음으로 자는 아이를 위해 조용히 준비하고, 마치 아무 일도 없던 것처럼 출근했다. 그러면서 속으로 미안함과 동시에 웃음이 났다. 우리 딸은 얼마나 억울했을까? 잠결에도 자기가 아니라고 말하던 아이가 생각나 너털웃음이 났고, 확신에 차서 화를 냈던 내 모습에도 어이없는 웃음이 났다. 범인은 나였다. 이 부끄러운 사실을 아무에게도 말하지 않을 것이다.

딸아, 미안하다.

비계는 내가 다 먹었어

　우리 집에는 먹는 걸 너~무~나 밝히는 사람이 있다. 소식좌들 사이에 단연코 돋보이는 사람, 나의 남편이다. 눈을 뜨면 아침에 머 먹을지 생각하고, 아침 먹은 걸 치우기도 전에 점심 머 먹을지 궁리한다. 점심을 먹으면서 "저녁에는 우리 뭐 먹을까?"를 묻는다. 이 질문을 듣는 나는 어이없어 실소를 터트리고 묻는 사람도 자신을 아는지 배시시 웃으며 묻는다. 많이나 먹으면 말이나 안 할 텐데 남자치고 적게 먹는 편이면서도 먹는 것에 목숨 거는 스타일이다.

　남편은 명절을 참 좋아한다. 왜냐하면 먹을 게 많기 때문이다. 이거 먹을까? 저거 먹을까? 하며 묻는 얼굴은 찐으로 행복해 보인다. 장 볼 때부터 음식 하는 내내 즐거워하고, 한 상 차려지면 입은 쉴 새 없이 움직인다. 먹느라 움직이고 사이사이 추임새처럼 맛있다고 말하느라 바쁘다. 배 나온다고 관리하겠다더니 밥은 적게 먹고 하루 종일 간식을 입에 달고 살기도 한다. 그 간식이 밥보다 칼로리가 10배는 될 거라 확신한다.

어머님도 아들의 이런 성향을 아시고 며느리인 내가 흉이라도 볼까 자꾸 핑계를 대신다. "얘야, 쟤 아기 때 내가 직장 다니느라 젖을 제대로 못 먹여 늘 저러는 거란다. 불쌍하지 않니?" 하신다. 지금이 어느 시댄데 먹는 것에 집착한단 말인가! 식당이 지천으로 널려있고, 언제 어느 때나 가서 골라 먹을 수 있는 세상이다. 젖 못 먹어 지금까지 음식에 집착한다는 이유는 잘 이해되지 않았고, 그냥 그런 사람이구나 하고 이해하는 게 더 빠를 것이다.

이런 남편을 둔, 먹는 걸 별로 좋아하지 않고 먹는 것보다 중요한 게 많은 아내인 나는 남편과 잘 맞지 않는다. 입이 유독 짧고 장이 좋지 않은 관계로 음식을 조심해서 먹는 편이다. 심하게 소식해서 주변 사람들에게 타박을 받기도 하고, 나와 다니니까 본인들이 살이 찐다며 짜증 내기도 한다. 신경 쓸 일이 생기면 곡기부터 끊고 고민하는 일이 다반사고 입맛은 수시로 없는 편이다.

 밀가루도 잘 안 먹고 과식은 금물이다. 인스턴트도 거의 먹지 않는다. 계란을 먹을 때도 흰자만 골라 먹고 익지 않은 김치를 좋아하며 감자탕이나 부대찌개를 좋아하는데 이유는 단순하다. 입에서 밥이 꼴딱꼴딱 넘어가기 때문이다. 안 그러면 100번 이상을 씹어야 밥 한 숟가락이 넘어간다. 중. 고등학교 시절 중간 식사라고 해서 도시락을 쉬는 시간에 까먹는 일이 비일비재했는데 나도 배가 고파 몇 번 시도했다가 포기했다. 쉬는 10분의 시간 동안 밥이 안 넘어가 3숟가락 먹기도 벅찼기 때문이다.

 한 날은 제육볶음을 만들어서 저녁에 다 같이 먹고, 남은 것은 다음 날 아침으로 먹기로 하고 남겨 두었다. 약간 두툼한 돼지고기를 매콤하게 재어 놓아 꽤 맛있었다. 그러나 두툼한 고기에 두툼한 비계도 붙어 있어 나는 비계는 다 떼어내고 먹었다. 남편은 그걸 보더니 "이건 비계가 아니야, 쫄깃쫄깃 얼마나 맛있는데!"한다. 나는 비계는 비계지, 양념했다고 비계가 살이 되진 않는다며 난 끝내 먹지 않았다.

다음 날, 먼저 출근하는 남편이 먼저 아침을 먹은 뒤, 나에게 오더니 "고기 데워놨으니까 밥하고 먹어. 그리고 비계는 내가 다 골라 먹었으니까 있는 고기에 밥 먹으면 돼." 하고 출근했다. 난 씻고 준비를 끝낸 뒤 식탁으로 갔다. 식탁에 밥과 어제 먹고 남은 제육볶음이 접시에 담겨 있었는데 두툼한 비계들이 다 떼어져, 살코기만 남아 나를 기다리고 있었다. 가위와 집게가 있는 걸 보니, 남편이 비계를 잘라 자기가 다 먹고 살코기만 분리해 접시에 놓아둔 모양이다. 순간 나를 위해 돼지비계만 골라 먹는 남편의 모습이 떠올라 울컥했다.

어릴 때 엄마는 살코기만 떼어 나에게 먹이고 정작 당신은 비계만 드셨다. 그땐 엄마가 진짜 비계를 좋아하는 줄 알았다. 그러나 이젠 안다. 자신보다 더 소중한 사람을 위해 먹고 싶은 걸 참고 대접해 준거란 걸! 평소 남편은 나를 잘 배려하는 사람도 아니고 내 맘에 쏙 드는 사람도 아니지만, 엄마 같은 마음으로 날 먹이기 위해 비계를 골라 먹던 남편의 사랑이 느껴져 감사했다. 남편이 먼저 출근한 뒤, 남편이 대접해 준 살코기를 먹으며 유독 더 맛있는 아침을 먹을 수 있었다.

이번 크리스마스에는
아무것도 하지 않기로 했다

어릴 때 크리스마스는 몇 주 전부터 두근거리며 기다린 날이다. 손꼽아 기다리며 '과연 산타가 어떤 선물을 줄까?' 너무 궁금해 가슴이 터질 것 같았다. 지금도 기억나는 건, 기대감으로 새벽녘에 실눈을 떴을 때 내 어깨 위로 롤케이크(이 당시 롤케이크는 구경하기도 힘든 음식이었다) 상자가 보였고 잠이 번쩍 깨서 괴성을 질러댔다. 내 소리에 부모님은 화들짝 놀라 깨셨고, 개의치 않고 내복 바람으로 신이 나서 노래 부르며 이불 위에서 흥분이 가라앉을 때까지 춤을 추었다. 롤케이크를 주다니 산타 할아버지가 특별히 나를 더 사랑하는 줄 알았다. 그땐 그랬다.

좀 더 커서는 친구들과 노는 게 선물이었다. 그래서 부모님께 한 달 전에 허락받고 크리스마스이브에는 친구들을 우리 집으로 초대했다. 치킨이며 간식을 잔뜩 준비하고 밤새워 먹고 '진실게임'을 하며 눈물을 흘려가며 웃고 떠들었다. 한 번은 우리가 너무 떠들어서 새벽에 잠에서 깬 엄마가 나와 "조용히 해!"하며 신경질을 내셨다. 우리는 그게 또 웃겨서 숨이 넘어가라 손으로 입을 틀어막고 웃어댔다. 굴러가는 낙엽에도 웃긴 사춘기의 청소년이라 그랬나 보다. 함께 있다는 이유만으로도 충분했다. 지금도 가끔 그 밤의 웃음소리가 귓가에 맴돌면, 마음 한켠이 따뜻해진다.

갓 어른이 되서는 크리스마스에 남자 친구 만들기 미팅이나 소개팅을 하며 설레는 시간을 보냈다. 금세 남자 친구가 생겨서 많은 만남을 해보진 않았지만 나름 그 설렘이 좋았던 것 같다. 남자 친구가 생긴 뒤, 크리스마스는 시내 데이트를 하는 날로, 공연을 보거나 평소 가지 못했던 레스토랑을 가는 특별한 날이었다. 제일 예뻐 보이는 옷을 입기도 하고, 얼어 죽어도 좋을 얇은 옷을 입기도 했다. 오랜 시간 공들여 화장하고 한껏 멋을 부렸다. 남자 친구에게 보여 준다기보다는 예쁜 내가 되고 싶은 날이었기 때문이다.

가정을 만든 뒤에는 나의 크리스마스라기보다는 아이들을 위한 크리스마스를 보냈다. 해마다 아이들이 좋아할 만한 것을 찾고 좋은 추억을 만들기 위해 애썼다. 우리 부모님이 나를 위해 해주었듯이 말이다. 한번은 아이들이 찜질방에서 노는 걸 좋아해서 크리스마스 전날 가서 자게 되었다. 아이들 선물을 몰래 다른 가방에 넣어 숨겨두었고, 다음날 이른 아침 아이들의 사물함에 선물을 넣어 두었다. 일어난 아이들은 산타의 선물을 찾았는데 옆에 없으니, 산타가 찜질방이라 못 찾는 거라며 슬퍼했다. 아이들에게 그럴 리가 없다며 혹시 모르니 사물함에 가보라고 열쇠를 주었다. 선물을 찾아온 아이들은 깜짝 놀랐고, 찜질방까지 산타가 찾아왔다며 감동했다. 그 옛날의 나처럼.

　크리스마스가 코앞으로 다가왔다. 하지만 나는 아무것도 계획하지 않는다. 굳이 계획하자면 아무것도 하지 않을 계획이다. '아무것도 하지 않는다'는 것이 이토록 매력적인 줄 처음 깨달았다. 평소대로 늘 하던 만큼의 화장을 하고 주일이니 교회 가고, 늘 만나던 사람들을 만나고 돌아와 가족과 함께하는 것, 이것이 가장 평범하지만 가장 특별한 날이 될 것이다. 요즘 자꾸만 평범한 하루가 감사하고 이게 참 평안하다. 특별한 게 싫어지는 게 나이가 드는 것이라고 한다면 할 말 없겠지만, 살아오면서 특별한 날이 특별히 기억에 남지 않는다. 오히려 소소한 일상에 생긴 일들이 오래도록 기억에 남아있다. 고로 이번 크리스마스에 나는 아무 것도 하고 싶지 않다.

현관 앞의 너에게

　아이들이 3년을 조르고 졸라 입양한 반려견 알콩이! 손바닥만 할 때 와서 벌써 우리 가족이 된 지 4년이 됐다. 아기 때부터 유별난 녀석이었다. '미니 비숑'인데 하는 짓은 징글징글 '비글' 같다. 한시도 가만히 있지 못하고, 식탐은 다른 개들의 3배다. 3시간을 산책하고 돌아와도 '비숑 타임'을 갖는 에너자이저, 새벽에 식탁 위로 뛰어 올라가 양념 된 삼겹살을 다 먹어치우고, 가림막을 부수고 세탁실로 들어가 쓰레기 봉지를 다 뜯어 난장판을 만드는 우리 집 금쪽이다.

　큰 아이가 휴학하면서 알콩이의 주 보호자가 되었고 교육도 산책도 모두 아이가 알아서 챙겼고 나는 약속대로 이뻐만 했다. 사실 너무 이뻐서 자다가도 나와 아기 알콩이를 안았고, 우리 가족은 어느새 알콩이 중심으로 돌아가고 있었다. 큰아이는 알콩이 사랑이 진심이었다. 과외하며 번 돈을 몇 년간 모아 알콩이를 입양했고, 이후로도 물심양면으로 알콩이를 챙겼다. 매일 사회성을 기른다며 반려견 놀이터를 가서 몇 시간씩 알콩이를 산책시켰다. 내향적인 아이가 반려견의 보호자들과 적극적으로 친해지는 걸 보면서 놀라움을 금치 못했다.

큰 아이가 외국으로 나간 뒤, 자연스레 둘째 아이가 알콩이의 관리를 도맡았다. 알콩이는 작은 아이를 자기보다 낮은 서열로 정리했는지 말을 잘 듣지 않았고, 늘 만만하게 행동했다. 그러면 내가 나타나 알콩이를 야단쳤고 그때만 알콩이는 눈치를 보았다. 그럼에도 알콩이는 무궁무진한 사랑을 받았다. 작은 아이도 넘치는 사랑과 책임감으로 알콩이를 산책시키며 아주 깔끔한 강아지로 키웠다. 정보를 수집해 가며 훈련시켰고, 초콜릿을 먹고 죽을 위기에서도 작은 아이의 헌신으로 가까스로 살아날 수 있었다.

아이들이 모두 외국으로 나간 뒤, 가장 짠한 대상은 반려견 알콩이다. 알콩이 입장에서 가장 잘 챙겨주던 큰언니가 1년 만에 사라지고, 제일 많이 놀던 둘째

언니도 사라졌으니 말이다. 세상에서 자기가 제일 귀한 줄 알고 자란 시건방진 강아지 곁에는, 건방짐을 안 봐주는 나만 남았다. 가장 큰 문제는 모두가 출근했을 때였다. 원래는 한 주에 2번만 유치원을 다녔는데 이제는 4일 이상을 유치원에 보내야 했다. 돈도 돈이지만 알콩이의 체력도 따라주질 않아 밤이면 강아지가 "낑낑" 소리를 내며 눈도 못 뜨고 잠만 잤다. 자기에게 누가 손이라도 댈까 봐 식탁 밑으로 들어가거나 안으려고 하면 사나운 소리를 내기도 했다.

    유치원 선생님도 강아지가 너무 힘들 거라며 주 2~3일만 보내는 게 좋다고 하셔서 2일 정도는 알콩이를 집에서 쉬게 두기로 했다. 강아지가 분리불안이 아니라, 보호자인 내가 분리불안에 걸려있어 알콩이를 혼자 두고 나가면 일이 손에 안 잡혔고 마음이 쓰여서 영 불편했다. 마음 좀 편히 하려 알콩이가 뭘 하는지 보기 위해 홈캠을 설치했다. 4살 청년이 된 알콩이는 여전히 동적이고 호기심 천국인 성격이라 집안의 모든 것을 뒤지고 다녔고, 하도 쓰레기통을 뒤져서 공중으로 붙여놨더니 그것마저도 분해해 놔서 문은 모두 닫고 물건들은 숨겨놓거나 올려두고 외출한다. 가끔 유튜브에 나오는 사고 치는 강아지가 우리 알콩이라고 보면 얼추 비슷하다. 이렇다 보니 홈캠으로 알콩이가 사고 치는 장면을 모두 볼 거라 예상하며 휴대전화로 확인했다.

우리의 예상과는 완전히 다른 반전!

안아주는 것도 귀찮아 하고, "알콩아, 이리 와!"하면 저리 가버리는 우리 집 금쪽이가, 종일 이리저리 하이에나처럼 다니며 사고 칠 궁리를 하던 그 알콩이가 현관 앞 좁은 구석에 하루 종일 누워있었다. 자리를 바꾸더니 현관 앞 화장실 발 매트에 가서 현관 쪽에 머리를 두고 다시 눕는다. 그렇게 저녁이 돼 가도록 우리를 기다리고 또 기다렸다. TV나 유튜브에서 종종 봤기 때문에 대부분의 강아지가 보호자를 기다린다는 것을 알고 있었다. 그때마다 이 아이들의 사랑법이 안쓰럽고 '개'라는 종이 이렇게 생겨 먹은 아이들이라 엄청 사랑스럽기도, 매우 짠하기도 한, 가족 같은 동물이라 생각했다.

하지만 우리 집 강아지가 이렇게 종일 나를, 우리를 기다리고 있다고 생각하니 홈캠이 없을 때보다 더 불편했다. 이 아이가 또 코 빠뜨리고 현관 앞에서 기다릴 생각을 하니 밖에서 시간을 지체할 수 없었고 나를 기다리는 누군가가 집에 있어서 너무 좋기도 했지만 나만 기다리는 누군가로 인해 마음속이 찌릿찌릿 아려왔다.

    알콩아! 나는 너도 사랑하지만 나와 그 밖의 다른 것도 사랑한단다. 어쩌면 너보다 더 사랑하는 것들이 많을 수도 있지. 그러니 너도 우리를 사랑하고 기다리는 것 말고 다른 것을 마음에 담아보는 건 어떨까? 할 수만 있다면, 네가 알아들을 수만 있다면, 현관 앞의 네게 간곡히 말하고 싶다.

같은 집, 다른 성격들

　남편과 아이가 싸운다. 보통은 나와 남편, 나와 아이가 붙었을 텐데 이번에는 큰아이와 남편, 작은아이와 남편이 틀어졌다. 큰아이는 남편에게 버릇없이 말해서, 작은아이는 장난하다 코딱지를 남편 몸에 묻혀서라는 이유로 남편은 화가 났고, 아이들과 감정이 상했다.

　우리 집에는 A형인 나와 O형인 세 사람이 산다. O형인 세 사람은 뭘 해도 "No Problem"이다. 나 혼자만 "It's Problem!!!!!"이라 말해서 늘 가정의 파장을 만드는 사람이 된다. 난 문제의식이 투철하고 그 문제의 근원을 알아내고 풀어야 한다고 강력하게 주장한다. 그러면 세 사람은 한낮 여름 볕 밑의 표정을 하며 '왜 저러냐?' 하는 눈빛을 보낸다. 그럼에도 나를 알기에 그냥 맞춰준다. 아이들 어릴 때나 지금이나 나란 사람은 한결같기 때문이다.

　하지만 남편은 좀 다르다. 아이들 일에 웬만해선 끼어들지 않는다. 큰일이든 작은 일이든 몇 걸음 떨어져 바라보는 편이다. 아이들이 어릴 때부터 회사 일이 바빠 늘 자리를 비웠고 교육이든 양육이든 빠져있었다. 그에 비해 나는 아빠의 몫까지 채워내야 해서 징글징글하게 아이들을 가르치며 부딪혔다. 남편은 좋은 아빠지만 열심인 아빠는 아니었기에 나에게는 서운한 남편으로, 아이들에게는 만만하고 유쾌한 아빠로 자리했다. 그러다 보니 내가 간섭했을 때와 남편이 간섭할 때 아이들의 반응은 차이가 있다. 숱한 세월 속에 엄마와 아이들은 부딪히며 맞춰갔기에 아이들은 나의 간섭이 덜 불편하다. 그에 비해 아빠의 간섭은 익숙하지 않고, 서로를 잘 맞춰보지 않아서 부딪힐 때 소리가 난다. 어른이 된 아이들과 이미 어른인 남편의 대립 속엔 서운함과 속상함은 기본이고 서로 당황스러워하는 기색이 역력하다.

나는 서로 부딪혀 보는 것에 찬성한다. 부러 그러면 안 되겠지만 관계라는 건 서로의 긍정적 부분뿐 아니라 부정적인 부분도 알고는 있어야 한다고 생각한다. 이번 일을 겪으며 아이들은 아빠의 욱하는 지점을, 아빠는 아이들 다루는 방법을 조금씩 알아챘을 것이다. 이상한 건 내 배로 아이들을 낳고 키웠는데도 아이들을 다 알지 못한다는 것이다. 아니, 어른이 된 아이의 성격이나 생각을 거의 모르겠다. 가끔은 내 아이가 맞는지 낯설기도 하다. 양육을 아무리 잘해도 아이가 배 밖으로 나온 이상, 하나의 다른 객체인가 보다. 엄마도 모르고, 아빠도 모르는 게 자식이다. 그래서 서로의 독립을 지지해 주고 응원해주어야 하나보다.

우리, 미약함을 자랑하는 사이

어릴 때부터 같이 놀던, 어린 시절 초등학교를 같이 다닌, 같은 추억을 공유하는 친구들의 모임이 있다. 특별한 담임 선생님 밑에서 우리는 특별한 추억을 쌓았고 지금도 모이면 그때 이야기로 꽃을 피운다. 그 시절 거의 없던 수영장이 학교에 생겼고 담임 선생님이 수영장 관리 담당이 되면서 우리 반은 그 특권을 누리며 자주 수영했다. 그때 배운 수영으로 지금도 수영하는 걸 좋아하는 친구도 있다. 물론 나는 수영을 못하지만 말이다. 즐거운 기억도 있지만 수영장에서 벌서기도 하고 엉덩이를 맞기도 했던 무서웠던 기억을 가진 친구도 있었는데, 자신이 왜 그때 야단을 맞았는지 지금 생각해도 이해가 된다고 너스레를 떨어 모두 웃기도 했다.

이처럼 우리의 삶 또한 꽃이나 웃음이면 좋으련만, 나이를 먹어가며 자꾸 생각지도 못하는 일들이 모임 안에 일어난다. 배우자와의 이별, 직장에서의 퇴출 그리고 버겁기만 한 새 시작들, 그중 요즘 가장 자주 일어나고 있는 일이 부모님의 장례식이다. 얼마 전, 늘 우스갯소리만 하는 유쾌한 친구의 아버님이 돌아가셨다. 한동안 아버님의 병환으로 모임에 나오지 못했던 친구여서 연락이 오자마자 장례식장으로 달려갔다. 몇 년간 병환으로 고생하시다 돌아가셨다는 안타까운 이야기를 들으며 친구를 만났는데, 너무나도 놀라웠다. 친구가 갑자기 10년 정도 늙어 보였고 꽤 좋던 몸이 살이 다 빠져 반쪽이 되어있었기 때문이다.

삶의 어려움을 직격탄으로 맞아 한동안 힘들었다고, 지금은 그래도 정신이 든 상태라고 설명한다. 친구의 얼굴을 보는데, 할 말이 없어 고개만 끄덕였고, 안쓰러움에 눈물이 나는 걸 꾹 참았다. "그래도 잘 먹어야지, 너도 몸 축 나면 안 되잖아." 고작 찾은 말이 잘 먹으라는 말밖에 없었다. 자리를 이동하고 난 뒤, 우리는 다들 비슷한 상황에 숙연한 대화를 나누었다. 앞에 앉은 친구는 엄마밖에 없는데, 작년에 갑자기 돌아가실 뻔했던 이야기를 전해주었다. 내 옆의 친구는 본인이 암 2기여서 수술 후 식습관을 바꾸며 자신이 얼마나 가정적으로 변했는지에 대한 이야기를 전했다.

    대각선으로 앉은 친구는 더 대박이었다. "얘들아, 나 고아잖아, 나 좀 잘 챙겨주라."하며 우리의 약한 마음을 공략했다. 사실 이 친구의 부모님은 4년 전에 아버님이, 작년에 어머님이 돌아가시며 진짜로 고아가 되었다. 결혼도 안 한 친구라서 외로움을 많이 탔고, 엄마가 돌아가신 것이 타격이 되어 한동안 마음을 못 잡는 듯 보였다. 작년에는 "김치 좀 달라"고 해서 친구들이 집마다 김치를 갖다주어 지금까지 김치가 넘쳐난다는 웃지 못할 이야기도 전해주었다. 이후로도 자꾸 말끝마다 '고아'라 말해서 짠하면서도 듣기가 불편해 우리가 야유를 보내기도 한다.
    나도 큰 수술을 두 번이나 하며 이 나이를 맞았다고, 아이들이 독립해서 외롭다고, 부모님은 병환으로 지방에 내려가 계신다고 이야기를 전하며, 너나 나나 다를 바 없는 미약해진 우리의 대화에 정점을 찍었다. 그렇다. 예전에는 얼마나 잘 나갔는지 모르겠지만 지금 우리는 모두 미약하다. 건강도, 가정도, 일도, 경제력도 뭐 하나 창대한 게 없다. 그러니 자랑할 게 없어 이제는 자신의 미약함을 자랑하고 있다. 아이러니하지만 창대함을 자랑하는 것보다, 이리 자신의 약함을 드러내고 자랑하니 서로 더 돈독해지는 느낌이다. 괜찮다. 너만 약한 게 아니고 나만 약한 게 아니니 위로가 되고, 너나 나나 비슷하게 처져가고 있으니 더 동질감을 느낀다. 이러니 친구겠지. 친구들아! 우리 앞으로 더 미약해질 일만 남았더라도 서로의 창대함을 응원하며 박수 쳐 주는 40년 지기, 50년 지기의 친구가 되자!

완성형이 아닌 진행형

둘째 아이가 호주로 간 지 반년이 되어간다. 아이는 아는 사람이 없으니, 언니가 출근했을 때는 혼자서 다른 도시로 가보기도 하고 운동도 하며 나름 하루하루를 보냈으나 마음이 적응하는 데 시간이 걸렸다. 저녁마다 울기도 하고 기도하고 말씀 묵상하며 자신의 정체성과 이곳에 왜 왔는지에 대한 답을 찾느라 애썼다. 지금 아이는 언니가 퇴근해도 만날 수 없는 날들이 많아졌고 교회 친구들과 약속이 있어 오히려 언니가 둘째를 데리러 가기도 하는 일들이 생겼다. 그리고 호주 친구 중 한 아이가 중국 간다고 송별회도 해주는 모양이었다. 피식~웃음이 난다. 이 아이가 자신의 매력으로 사람의 지경을 넓히고 있다고 생각하니 기특하고 용하다.

　아는 사람이 많아지고 있다는 건, 개인적인 시간을 내어 만나는 사람이 생긴다는 건, 가볍게라도 눈을 맞추고 대화를 나눌 수 있는 누군가가 생겼다는 건 잘 적응하고 있다는 방증이다. 이곳으로 이사 온 지 딱 1년이 됐다. 아침에 나갔다가 저녁에 퇴근해 일찍 자니 이 도시와 친해질 수 있는 시간이 부족했다. 그래서 그런지 아직은 주변이 낯설고 내 동네 같은 편안함은 없다. 전에 살던 곳은 아는 사람 천지에 전화 한 통이면 나와 줄 사람들이 주변에 그득했다. 이곳에는 전화할 사람도 가볍게 차 한잔 같이 마셔줄 사람도 없었다. 자주는 아니지만 아주 가끔은 그런 지인이 그리웠고 필요했다. 성격에 안 맞게 여기저기 기웃기웃했지만 역시나 동네지인 만들기 실패!

　도서관에서 진행하는 '책 만들기 프로젝트'에 합류했고, 12주간을 열심히 다녔다. 그곳 분들과는 눈인사만 나눌 뿐 해야 할 것들이 많아 말 섞기도 어려웠다. 출간회를 끝내고 한 분의 주도 아래 섭섭하니 만나자는 연락이 왔고 흔쾌히 약속을 잡았다. 다들 우리 집

근처에 사시는 분들이라 집 앞 식당에 자리를 잡았고 집 앞이라 부담도 없이 슬리퍼를 질질 끌며 갔고 얼굴만 낯익은 분들과 서로를 알아가는 시간을 가졌다. 동네 주민이라는 매력적인 이유로 꽤 편안한 시간을 보낼 수 있었다. 다음 모임 날을 잡고 돌아오면서 문득 우리 아이가 생각났다. 아이도 그곳에서 사회적 지경을 넓히며 적응 중인 것처럼 나도 이사한 곳에서 동네 주민들을 만나 이웃의 지경을 넓히며 적응하고 있었다. 그러면서 드는 생각! 아, 인간은 관계를 맺으며 살아가는 것을 적응이라고 하는구나!

    골목이나 식당들이 내 눈과 관계를 맺으며 낯익게 되고 어디에 무엇이 있는지 알면서 편안해지고 비로소 내 동네가 되어가는 것처럼 사람과의 관계도 별반 다르지 않다. 처음에는 얼굴이 낯익고 차츰 말이 섞이고 마음이 익숙해지면 편안해지는 이런 과정을 우리는 적응 중이라고 표현하는 것이리라! 아, 이 적응이 끝나면 또 다른 적응 거리들이 생길 텐데 우리는 죽는 날까지 "적응했어."가 아닌 '적응 중'의 삶을 살겠지. 생각만 해도 한숨이 나온다. 나오려는 그 숨을 부둥켜안고 용기 내본다. 어디, 덤벼봐라 다 적응해 줄 테니.

사랑한다는 말은 이렇게 남아

괜찮은 척 잘 지내는 중입니다

 아이들이 각자의 자리로 떠난 뒤, 혼자 남겨질 내가 두려웠다. 가장 두렵게 느껴진 건, 퇴근하고 들어올 때, 가장 친구같던 아이들의 부재에서 오는 적막이었다. 이 적막을 느끼지 않으리라는 마음으로 저녁 시간을 메우기 시작했다. 가볍게 저녁을 먹고 씻으면 바로 성격 묵상을 하는 것이 보통 나의 루틴이었는데, 이제는 월수금은 요가와 필라테스로 화요일은 책 만드는 강의를 듣는 시간으로, 목요일은 지인들과의 모임으로 꽉 채웠다. 남은 금요일은 언제든 여행 갈 생각으로 비워두었다. 뿌듯한 마음으로 2주를 보냈다. 계획하면 물불 안 가리고 열심히 하는지라 똥꼬 찢어지는 줄 모르고 덤볐다. 운동하러 가면 안 되는 동작을 따라 하느라 온몸이 쑤셨고, 화요일 강의 시간에는 한 마디도 놓치지 않으려 모두 필기하며 학구열을 불태웠다. 저녁 늦게나 들어와 씻고 누우면 바로 잠이 들어 외로울 틈이 없어 아주 마음에 들었다. 마음에는 들었으나, 마음과는 달리 몸은 이 생활에 적응하느라 무진 애를 썼었나 보다. 이제는 '슬슬 가라'는 신호인 근육통을 가볍게 무시하고 견디다 보니 어느새 몸살과 편도염이 내 곁에 들어와 자리 잡았다. 누군가 조곤조곤 밟고 있는 듯한 통증을 느끼며 나의 무지함과 미련함을 뼈저리게 느꼈다.

    얼마 후 지인들과 즐겁게 이야기를 나누는데 조카 같은 아이가 "이모"하며 내 앞에 선다. 바라보니 이모한테 미션이 있어라며 더럭 나를 꼭 껴안아 준다. 나는 기분 좋게 팔을 둘러 같이 안아주었다. 언니가 호주에서 자기 대신 이모 안아주라고 미션을 줬다며 언니 대신이라며 다시 나를 안아준다. 그 순간, 갑자기 마음속의 울타리가 삐걱거리며 봇물이 터지려 넘실거렸다. 마음을 다잡을 순간도 없이 아이는 그리고 이건 내 거라며 다시 안아준다. 난 왈칵 눈물이 터졌고 그리움을 가두었던 마음의 빗장이 열려버렸다. 터져 나온 눈물이 계속 흘렀지만 다른 이들이 바라보고 있어 성급히 어색한 미소를 지으며 눈물을 닦았지만 마음속엔 이미 그리움이 줄줄 새고 있었다.

    소소하게 음식 시켜 먹고 산책하고 별거 없이 소파에 옹기종기 모여 수다 떨던 모든 것들이 기억났다. 징그럽게도 싸우고 화해하고, 쓰러지게 웃기고, 끊임없이 움직이던 우리들, 이걸 나는 기억하고 싶지 않았고 생각하지 않았다. 그러니 아무렇지도 않게 하루하루를 잘 지낸 것이다. 그런데 아이가 버튼 하나를 눌러 그리움을 가둬둔 방의 문을 열어 버린 것이다. 저녁이 되어 집으로 돌아온 뒤에도 그리움의 잔상은 나를 눌렀고 나도 모르게 "아, 아이들 보고 싶어."하고 입으로 토했다. 아이들이 가고 처음으로 입 밖으로 꺼낸 이 말의 파장은 남편님의 마음에도 울림을 주었는지 다음날 당신 때문에 나도 괜히 아이들이 보고 싶네한다. 우리 부부는 암묵적으로 이 말을 피해 왔었나 보다. 며칠이 지난 지금도 열렸던 문이 꽉 닫히지 않아 실실 틈새 사이로 비집고 나오려 해 두 손을 힘주어 잡아 마음을 가둔다. 그러면서 크리스마스라 그런 거야. 지나면 좀 나아질 거야라며 나를 위로한다. 그리움을 참는 건 눈에서 눈물이, 마음에선 피눈물이 나는 것 같다.

선풍기처럼 웃고 싶다

　일제강점기 때 독립운동가로 활동하신 이상재 선생님이 계시는 데 크게 알려지지는 않았지만 젊은 독립운동가들에게 영향력 있는 분이셨다. 독립운동가이자 교육자였던 이 선생님은 유쾌한 분으로 심각한 상황도 웃음으로 승화하며 죽음의 공포를 이기는 힘을 가르치신 분이다. 임종을 얼마 남겨두지 않은 상황 속에서 자신의 제자들에게 "이놈의 새끼들, 나 뒈졌나 보러 왔지? 아직 안 죽었다. 이놈들아."라고 말해 그곳에 있던 사람들을 웃음을 짓게 했다. 〈어쩌다 어른〉과 〈책 읽어 드립니다〉에서 패널로 나온 심리학자 김경일 교수의 『적정한 삶』에서는 이 일화와 더불어 웃음의 힘에 관해 이야기한다. 옳은 일, 가치 있는 일을 지치지 않고 계속하는 힘은 어디에서 나올까? 원대한 가치나 흔들리지 않는 신념도 중요하지만, 전부는 아니다. 세계를 놀라게 할 만한 대단한 결과물도 결국은 무수한 일상들이 쌓아 올린 결과다. 심리학자들은 한결같이 말한다. 어떤 일을 한 방향으로 나아가게 하는 힘은 신념과 가치지만, 하루하루를 계속 이어가게 만드는 힘은 웃음에서 나온다고 말이다.

예전에 재미있게 봤던 드라마 〈태양의 후예〉에서도 비슷한 대사가 나온다. 지진이 발생한 후나 전염병이 창궐한 뒤, 지뢰밭 사이를 걸어야 하는 매우 심각한 상황 속에서 의사인 여자는 군인인 남자에게 웃겨달라고 부탁한다. 이에 남자는 어이없는 농담을 던지고 둘은 '피식' 웃음으로 심각한 상황의 문제들을 해결할 잠시나마의 쉼과 힘을 얻는다.

사회생활을 시작하면서, 나는 정확한 신념이 확고하지 않으면 흔들리고 그 흔들림에 괴로워짐을 경험했다. 그래서 가치관을 확립하려 애썼고 그 가치관을 바탕으로 나만의 신념을 견고히 하는 과정 중에 있으며 그 신념이 내 생각과 삶을 지탱해 줄 것이라 믿었다. 책을 읽고 공부하고 고민하고 사색하며 사뭇 심각해졌고 개그 프로그램 같은 억지웃음을 유발하는 건 가치가 없다고 여기며 생각해 보지 않았다.

    하지만 어린 날에는 시험이 끝난 날이면 종종 만화책을 잔뜩 빌려 밤새 낄낄거리며 읽던 기억이 있다. 그리고 나면 시험 스트레스가 거의 날아간 듯 느껴졌고 심지어 중학교 2학년 때는 수업 중에 친구와 눈이 마주쳤는데 그게 웃겨서 웃다가 주의를 받았다. 그런데도 웃음이 멈춰지지 않아 계속 웃었고 화가 나신 선생님은 우리를 복도로 쫓아내셨다. 내 인생에서 쫓겨난 건 이게 처음이자 마지막일 만큼 충격적인 일인데 중요한 건, 여기서도 웃음이 멈추질 않아 결국 복도에서 종 칠 때까지 손도 들고 서 있었다. 지금 생각하면 무에 그리 웃겼는지 모르겠지만 그때 그 시절이 무척이나 그립다.

    다시 생각해 보련다. 내 가치와 신념으로 꼿꼿이 서 있는 법을 배웠다면, 이제는 웃음으로 고개 돌리는 법을 배워야겠다. 마치 선풍기가 회전하며 주위를 시원하게 하듯이 내 웃음의 고갯짓으로 주위를 환기하며 긴장을 풀어 주며 따사로운 공기를 주입하는 그런 사람이 되어 보련다. 혼자가 익숙한 사회, 희망보다는 절망의 이야기가 더 공감 가는 사회, 이해와 포용보다는 칼날 같은 비판이 우선인 우리네 사회에서 나 한 사람의 웃음이, 너의 환한 미소가 하루를 이어 나가게 만드는 힘이 된다면 당연히 노력해야지. 나로 인해 우리 학교 학생 한 명이, 더 나아가 한 반이, 한 학년이 하루를 살아갈 힘이 된다면야 침을 질질 흘릴 만큼 웃으며 정신 나간 선생님이어도 좋으니 그리하겠다.

우리 집에도 끊임없이 시도 때도 없이 농담과 썰렁한 이야기를 수십 년째하고 있는 사람이 있다. 가끔은 짜증을 유발하는 부작용이 있지만, 이 사람의 노력으로 지금 우리 가정의 따사로움이 유지되고 있는 건지도 모르겠다. 웃자. 누군가의 환한 웃음으로 누군가가 또 하루를 살아갈 테니 따사롭게 웃어보자.

나는 미친개다

　백희나 작가의 『나는 개다』라는 책이 있다. 이 책을 읽으면 개를 키우고 싶어질 만큼 사랑스러운 반려견이 나온다. 유튜브에도 어찌나 똑똑하고 사랑스러운 강아지들이 많은지, 침을 질질 흘리며 보게 된다. 그렇게 나도 사랑스러운 강아지를 키우고 싶었다.

　그런데 오늘, 나는 내가 키우는 강아지에게 물렸다. 알콩이가 유치원을 가지 않는 날에는 하루 종일 혼자 집에 있어서 집안 곳곳을 노즈 워크 장처럼 만들어 주었다. 거실에는 사과 조각을, 주방엔 바나나를, 베란다엔 쿠키를 놓아두고 사료도 넉넉히 담아 두었다. 요즘 살이 좀 쪄서 살짝 사료를 줄였는데, 기가 막

히게 알고 좀 예민해진 알콩이었다. 그래도 오늘은 아주 행복한 식사가 될 것이라 믿고 도시락을 챙겨 나가려다 종일 혼자 심심할 알콩이가 안쓰러워 다가가서 뽀뽀도 해주고, '오늘 하루도 잘 지내'하고 인사하려는 순간

　　알콩이는 내 발을 물었다.

　　나는 비명을 질렀고 이놈이 미친 건지 물었던 발을 놓지 않았다. 내가 들고 있던 도시락 가방으로 알콩이를 쳐내자 자기도 놀랐는지, 아니면 잘못한 걸 아는 건지 소파 밑으로 잽싸게 도망쳤다. 나는 통증으로 발가락을 잡고 끙끙거렸다. 출근 시간이 급해 그대로 나와 차에 올라탔는데, 운전 중에도 발가락에 저미는 듯한 고통이 느껴졌고 엄지발가락과 검지 발가락이 점점 붙어버리는 느낌이 들었다. 아, 무언가 잘못되고 있다.
　　역시나 도착해 신발을 벗으니 하얀 양말 사이로 피가 고여 나왔고 발가락 두 개가 퉁퉁 부어 있었다. 보건실에 가서 소독을 받는데 선생님이 큰 개를 키우시나 봐요 하신다. 그럴 리가!
　　"요만한 미니비숑 키워요…"하며 민망해했다. 상처가 꽤 깊어 항생제를 맞아야 한다고 해서 점심시간

에 병원에 가서 3일 치의 약과 주사 2대를 맞고 와야 했다.

　이 미친 작은 개를 어찌할까! 나는 소심한 복수를 결심했다. 홈캠으로 보니 알콩이가 앉아 있길래 소리 기능을 켜서
　"야, 이 미친 000아! 너 오늘 저녁은 없을 줄 알아!"
　하고 소리쳤다. 화가 좀 가라앉는다. 그런데 진짜로 화가 났던 건 물론 아니다. 생각해 보면 나는 알콩이에게 인사한다고 다가간 거지만, 알콩이 입장에서는 자기 밥그릇을 뺏길 수도 있는 위기의 순간이었을 거다. 더구나 강제 다이어트로 안 그래도 배고픈데 얼마나 불안했을까. 알콩이의 입장을 이해 못 하는 건 아니다. 그냥 잠시 내 사랑도 모르고 나를 물다니, 하는 섭섭함이 있었을 뿐이다. 이참에 나도 〈나는 미친개다〉라는 책이나 내야겠다.

벚꽃이 피면 카레를 먹던 우리

　이곳저곳에서 벚꽃이 핀다. 소담스레 피는 꽃의 향연에 감탄하면서도 마음은 좀 서늘해진다. 우리가 함께했을 때, 늘 가던 카레 집이 있었다. 전국 10대 카레 맛집으로 유명한 집인데 오전 11시부터 3시까지만 잠깐 여는 집이었다. 그래서 직장인들은 가기 어려운 맛집이다. 이 집 앞에는 우이천이 흐르고 있어 산책길도 잘 조성되어 있다. 양옆으로 벚나무가 있어 이맘때쯤이면 윤중로가 따로 없다. 음식도 정갈하니 정성스러운데 일본 카레 집이라 카레는 말할 것도 없이 차슈나 돈가스, 새우튀김도 아주 맛있고 튀김을 하면서도 주변이 아주 깔끔하다. 맛집이라고 소문이 날 만한 집이다. 입맛이 까다로운 나도 이 집 음식을 참 좋아한다.

    벚꽃이 피면 우리는 으레껏 시간을 맞춰 이 집을 방문했다. 셋이서 무얼 먹을지 벌써 신나서 이야기하다 각자 취향대로 푸짐하게도 시킨다. 그러고는 조용히 열정적으로 먹는다. 맛있는 음식과 더불어 셋이 함께 있음이 행복이었다. 다 먹은 후에는 반려견인 알콩이의 시간이었다. 예쁘게 꾸미고 나온 알콩이와 함께 우이천 벚꽃길을 산책한다. 어떤 이야기를 했는지도 기억에 없지만 그냥 깔깔대고 웃고 쓸데없는 이야기들을 가득하다가 속이 좀 비면 애견 동반 카페를 검색해서 또 열심히 먹던 기억! 별것 아닌 일상이 행복이었다.

    지금 밖에 벚꽃이 만발했는데 나는 카레를 먹으러 가지 않는다. 생각해 보니 카레도 맛있었겠지만 셋이 함께하는 것이 훨씬 더 맛있었던 거다. 음식을 먹는 것보다도, 벚꽃을 구경하는 것보다도 셋이서 깔깔대던 시간이 아름다웠던 기억이다. 가슴 한구석이 아린다. 이리 쉬운 일조차 할 수 없고 추억으로 간직해야 한다는 게 참으로 섭섭하다. 너무나 당연해서 소중하게 느껴지지 않았던 사소한 것들이 소중한 추억으로 자리 잡는다. 지금 내 곁의 사람들도 마찬가지겠지. 추억이 되기 전에 지금 소중하게 생각하고 감사해야겠지. 당연함을 당연하게 느끼지 못할 때가 오기 전에 아쉬움 없이 함께해야지. 이런 생각을 하는 지금처럼 가끔 인생은 참 쓸쓸하다.

두 번이나 읽고 있다,
I miss you so much

　작년인가? 독서 동아리에서 최태성 선생님의 『역사의 쓸모』라는 도서로 독회 모임을 했었다. 어렵지 않은 내용들과 쓸모 있는 역사적 구성으로 재미있게 책을 읽었던 기억이 난다. 〈역사를 통한 인문학〉 강의를 준비하며 '역사의 의미'에 대해 한 차시를 강의할 예정이라 〈역사의 쓸모〉의 부분을 인용하기 위해 다시 책을 펼쳤다.

　인덱스가 여기저기 붙어있고 연필로 죽죽 그은 부분이 다수 보이는 정말 내 책이다. 나는 책을 읽을 때, 인상적인 부분은 연필로 표시하고 그 부분에서 내가 느낀 감정을 그대로 적는다. 그때 나는 작가와 텍스트를 공감하며 대화를 나누는 흥분을 느낀다. 또한 인용하고 싶은 부분이 생기면 형광펜으로 표시해서 다시 읽기를 통해 머릿속에 각인하려 노력한다.

처음 부분 "삶이라는 문제에 역사보다 완벽한 해설서는 없다."의 들어가는 글과 1장의 "쓸데없어 보이는 것의 쓸모"의 부분이 '왜 역사를 공부해야 하는가?'의 작가의 답이 들어가 있어 유의미했다. 더 나아가 결국 역사 또한 인문학이므로 역사를 통해 '어떻게 살아야 하는가?'에 대한 답을 찾아가는 과정이 역사를 배우는 궁극적인 이유일 수 있겠다.

강의에 쓸 목적으로 글을 분석하며 읽다가 갑자기 책이 앞으로 쏠리며 맨 앞장인 간지가 펼쳐져 버렸다. 그 순간, 나의 시선을 잡아끈 메모

"2020. 08. 07, 솔기가 엄마에게♥,

I love you so much"

가 보였다. 심장이 멈춘 느낌, 역사에 대해 생각하고 있던 모든 것을 잊었다. 그리고 이 책을 선물 받던 2020년 8월로 시간 이동했다. 더운 여름, 아마도 경주의 번화한 거리 속 작은 독립 서점에서 북적거리던 사

람들 속을 뚫고 여기저기를 구경하던 중, 역사를 좋아하는 날 위해 큰딸이 사준 책이었다.

　세상이 좋아져서 매일 영상통화를 하며 아이의 하루를 늘 알고 있고, 얼굴도 보고 있지만, 아이의 글씨를 보는 순간, 마음이 먹먹해지며 별안간 울컥했다. 그리고 나도 그 밑에 대답하듯

　"솔기가 사준 책, 2023. 5. 3,
　두 번이나 읽고 있다.
　I miss you so much"

　라고 썼다. 왜 울컥했냐고 누가 물으면 나도 잘 모르겠다. 보고 있어도 보고 싶은 게 '자식'이라는데, 나는 무슨 호사를 누리겠다고 '자식'을 저 먼 곳에 두고 살고 있는지 싶기도 하다. 별안간 울컥했던 내 마음을 분석하면서 저 멀리 보냈던 '역사'를 다시 끄집어내고 있다. 역사와 자식의 틈을 느끼며 다시 마음을 정리해본다.

사랑한다는 말은 이렇게 남아

곰배령 너의 의미

　엄마가 어느 날 폐암 선고를 받았다. 다행히 좋은 암이라고 말하는 절제하기 좋은 부위를 수술만 하고 한동안 요양하셨다. 좋은 공기를 위해 지방으로 내려가 산 중턱에 집을 짓고 지금까지 전원생활을 즐기고 계신다. 아빠는 전원생활을 시작하면서 일 폭탄을 맞고 있는데, 시골집은 매일매일 몸을 놀리지 않으면 금세 폐허 같은 집이 되어버리기 때문이다. 여름엔 잡초를 뽑느라, 겨울엔 눈을 쓰느라 허리를 펼 겨를도 없고, 이곳저곳 고장 나는 시설 때문에 일하는 아빠의 손은 곱아있다.

　시골집은 나무와 기름을 같이 떼는 집이라 아

빠는 나무 장작을 패느라 도끼질도 해야 했다. 얼마 전 오랜만에 만났는데 장작을 패다 도끼에 얼굴을 맞아 한쪽 얼굴이 시퍼렇게 변해있었다. 큰일 날 뻔했다. 곱은 손가락은 더 이상 펴지지 않고 밤마다 진통제를 먹어야 잠을 잔단다. 엄마도 워낙 지병이 많아 늘 긴장 상태로 지켜봐야 한다. 80이 한참 넘은 어머니도 관절이 좋지 않아 계단을 거꾸로 내려오신다. 예전처럼 많이 드시지도 못하시고 자꾸 옛이야기를 꺼내시며 삶의 정리를 하려 하신다.

무남독녀인 나는 멀리 있어 가까이 있을 때처럼 살뜰히 챙기지 못해 마음만 애태웠고 그래서 여유시간이 생기면 엄마에게 가려고 노력했다. 당연히 방학이면 다른 일정을 미루고 부모님께 먼저 간다. 나의 쉼보다는 부모님 기분 전환이 우선이다. 평소 집일만 하는 부모님을 위해 이곳저곳 다니며 풍경도 보고 맛있는 음식도 사드리고 싶어 검색하던 중 "엄마 인제가 생각보다 가깝네. 자작나무숲에 가볼래?"하고 물었다. 엄마는 기다렸다는 듯 "인제에 곰배령이 있다더라. ㅇㅇ아줌마는 너무 좋아서 2번이나 갔다더라." 하셨다.

일단 'ㅇㅇ아줌마는~'이 나오면 무조건 가야 한다. 이 말인즉슨 '부럽다'는 말이기 때문이다. 다음날

가기로 하고 곰배령을 예약하는데 생각보다 절차가 까다로웠다. 한 사람당 2인까지만 예약이 되고, 한 달에 한 번 이상을 예약할 수 없었다. 예약한 후, 등산로와 거리, 시간, 등산 난이도, 준비물, 식당 등을 꼼꼼히 검색했고 마음의 준비를 했다. 난 '등린이'다. 아니 '등산 태아'라고 말할 수 있다. 운동이라면 젬병인데 요즘은 살기 위해 걷는 게 전부이고 줄넘기를 50번만 해도 숨이 턱에 차며 심장이 터지기 직전까지 간다. 아마 저학년생들과 달리기 시합을 하면 당당히 꼴찌 할 자신도 있다. 그래서 내 몸이 짐이 되지 않도록 스스로를 단단히 다잡고 출발해야 했다.

역시나 엄마는 일찍 일어나 간식을 바리바리 챙기셨고 우리는 곰배령을 향해 마치 전투하듯 길을 나아갔다. 오히려 맑지 않은 날씨는 등산하기 좋았는데 원래도 이곳은 빼곡한 잎사귀들이 하늘을 가려 볕이 많이 스며드는 곳은 아니었다. 곰배령은 사방이 온통 푸른 잎사귀들로 둘러싸인 신비로운 숲이었다. 자연 그대로의 날 것이 숨 쉬는 생명력 가득한 곳, 오르내리는 길마다 생생한 물소리가 쉼 없이 따라오는 곳, 정상에 다다르면 너무나 아름다운 꽃의 향연이 펼쳐지는 곳, 무엇보다 구름인지 물안개인지를 가득 깔아두어 나를 신선으로 만들어 주는 곳 등 표현할 문장들이 마음 가득 차는 곳이었다.

다행히 어렵지 않은 길이 대부분이었고 숨이 '깔딱' 넘어가게 힘든 곳은 한 2킬로 정도였다. 하지만 나를 '찍' 소리도 내지 않고 끝까지 올라가게 만든 가장 결정적인 힘은, 멋진 풍경도, 싱그러운 물소리도, 나름의 결의도 아니었다. 엄마는 올라가는 내내 "진짜 좋구나, 너무 행복해"라는 말을 여러 번 하시며 사랑하는 가족과 함께하는 이 시간을 감사해하며 소중해했다. 온몸에 크고 작은 병들을 가득 안고, 반쪽짜리 폐로 숨을 고르며, 말을 잘 듣지 않는 팔다리를 연신 움직여가며 올랐을 그 길이 힘들었을 텐데, 정작 그 입에서는 행복의 고백들만 나오는 엄마를 보며 나는 힘들 수 없었다. 아니 힘들지 않았다.

엄마는 산을 내려온 후에도 소중한 추억을 또 하나 갖게 되었다며 좋아하셨다. 나에게 〈곰배령〉은 산이 아니다. 곰배령은 엄마가 지팡이를 다리삼아 절뚝이며 걸으면서도 환하게 웃어주던 미소이고 "행복해"라고 말하는 고백이었다. 이제 곰배령은 나에게 엄마를 느끼게 해주는 아름답고 특별한 의미가 되었다.

사랑한다는 말은 이렇게 남아

경계의 가치

"그 사람이 내 선을 먼저 넘었어. 그래서 가만두지 않은 거지. 난 선 넘는 건 참을 수 없거든."

자신의 영역을 침범당하는 걸 죽기보다 싫어하는 선배 언니가 있다. 한없이 타인을 받아주다가도 자신의 개인적인 영역을 침범한다 싶으면 다른 사람으로 변한다. 이 선을 지켜야 안전하다고 느끼는 모양이다. 그래서 나 또한 그 선배의 영역은 잘 들어가지 않고, 들어갈 필요가 있을 때는 여러 번의 확인을 거듭한 후에야 살짝 발을 담근다. 아마 이 시대를 살아가는 우리의 대부분은 서로의 선을 지키며 멋지게 살아가고 있는 듯하다.

수관기피라는 말이 있는데 일부 수종들 사이에서 관찰되는 현상으로, 각 나무의 우듬지가 뚜렷한 영역과 경계선 내에서만 성장하는 현상을 일컫는다. 다시 말하면 나무들이 잎과 가지가 서로 닿지 않게 간격을 두어 성장하는 현상을 말하는 것이다. 이 현상은 생물학적 원리를 넘어 생태적인 지혜를 보여주는 것인데, 나무들이 간격을 유지하여 숲의 바닥까지 햇빛이 들어올 수 있게 해 작은 생물들이 공존할 수 있게 한다. 서로 공존함으로 숲을 건강하게 유지하고 더 나아가 숲을 유지하는 힘이 된다.

　　우리네 삶에도 수관기피는 필요하다. 서로의 '선'이라 말하는 각자의 울타리가 여러 면에서 아주 중요해진 시대를 살아가는 우리는 경계로 인해 성을 내기도 하고, 내 경계를 지키기에 급급하기도, 타인의 경계를 존중하려 애쓰기도 한다. 서로 타협하지 않은 경계로 인해 혼란스럽고, 그 경계 속에서 안전하게 자리 잡아 누구와도 관계 맺기를 거부하기도 한다. 이 경계 때문에 서로 더 가까이 갈 기회를 잃기도 하고, 이 경계 덕분에 불필요한 다툼을 미연에 방지하기도 한다.
　　그렇다면 우리는 경계선에 왜 그리 집착하는가? 그냥 보면 경계는 타인과 나를 단절시키는 울타리 같으나, 잘 생각해 보면 경계를 지키기 위해 애쓰는 노력은 타인과 분리하기 위함이 아니다. 타인 때문에 무엇을 하는 행위가 아니라 내가 살기 위한 분투이다. 내가 잘살아보기 위한 가장 기본적인 노력을 하는 거다. 나무가 처음에 성장하고 살아남기 위한 햇빛을 받기 위해 애써 자신을 지키는 공간을 만들었던 것처럼 말이다. 다른 이의 간섭이나 눈길로 인해 자라지 못하거나, 비뚤게 자라지 않을 것이라는 매진, 적어도 나만은 나를 사랑할 것이라는 다짐, 내 생애는 나로 인해 결정될 거라는 현명, 앞으로의 나는 지금의 나와는 다를 것이라는 소망의 다른 이름인 거다. 나를 애정하며, 어그러지지 않은 바른 성장을 위한 경계인 것이다.

그 다음으로 서로의 경계로 충만하게 채워진 긍정 에너지를 통해 각자를 인정하고 존중하기 위해서다. 자신이 채워지지 못하면 모든 이가 결핍 덩어리로 보이는 건 당연하다. 남의 티는 보면서 내 들보는 못 보는 게 인간이기 때문에 내가 채워지고 살아나야 타인이 보이고 그의 필요를 채워줄 수 있게 된다. 살아났을 뿐만 아니라 에너지를 소유한 나는 다른 영역의 타인을 배척하거나 비난하지 않고, 그대로 받아들이며 존중할 힘을 갖는다. 서로의 존중으로 인해 다시 한번 채워진 서로는 이 사회의 소외된, 그래서 빛을 받지 못하는 이들을 위해 비워진 공간을 만들 여유도 가질 수 있다. 작디작은 그들의 성장을 위해 공간뿐 아니라 진심 어린 응원도 보낼 수 있다.

    이것이 인간계의 수관기피일 것이다. 나의 상처에 연연해 타인을 공포스러워하는 심정으로 경계를 만들어내는 것을 멀리해야 한다. 수시로 내 경계 안에 햇빛이 들어오고 있는지도 점검해야 한다. 내 속에 차오르는 것들이 있는지, 가지가 성장하고 있는지, 잎이 벌어지고 있는지를 성실히 관찰해야 하는 것이다. 그런 뒤, 내 옆 지인의 울타리가 말끔하게 세워져 있는지 관심을 두고, 미소로 바라봐 주면 된다. 내 언어나 손으로 울타리를 건들지 않고 따스한 눈빛으로 지켜보는 비언어적 표현이 바람직할 것이다. 오만한 인간이여, 나무에서 배운 이런 경계를 사모하자.

사랑한다는 말은 이렇게 남아

읽고, 걷고, 다시 나로 돌아오는 길

3

흔들려도,
결국은
괜찮은 날들

흔들려도, 결국은 괜찮은 날들

읽고, 보고, 느끼고, 저장하고, 배설한다

어릴 때 혼자자란 나는 저녁이 싫었다. 사람 좋아하는 나는 동네 친구들과 매일 놀았는데, 저녁이 되면 엄마들이 부르는 소리에 친구들은 동생이나 언니들과 집으로 돌아갔고 난 혼자 쓸쓸히 집으로 들어갔다. 집에 가면 엄마는 저녁을 하느라 나와 놀아줄 수 없었고 심심했던 나는 자연스레 책으로 손이 갔다. 그때에는 적서나 연령별 도서가 없던 터라 집에 있던 책을 무작위로 읽었다. 4학년 때 『여자의 일생』이나 『폭풍의 언덕』을 읽으며 내용도 이해 못 하면서 여자의 삶에 대해 고민도 했던 기억이 있다. 막연하지만 『여자의 일생』 속 잔을 보며 좋은 아내, 좋은 엄마가 되어야 하지만 참 힘들겠다는, 『폭풍의 언덕』의 히스클리프를 통해 사는 게 왜 저리 힘든가 하고 작은 머리로 고민했었다.

어릴 때 책을 읽는 습관이 잘 형성되어 어른이 된 후에도 생활 속에서 책은 뗄레야 뗄 수 없다. 주말 아침 일찍 가족 모두 자고 있을 때 혼자 나와 근처 카페에서 책을 완독했을 때의 희열이 있고, 북카페에 꼬질꼬질한 모습으로 앉아 반나절을 책의 세계에서 놀다 나오는 자유를 만끽하기도 한다. 집의 서재에는 한쪽 면에 죽을 때까지 소장하다 유산으로 물려줄 나만의 책이 즐비하다. 내 손때와 연필로 죽죽 쳐놓은 나의 문장들, 곳곳에 끄적거리며 적어놓은 나만의 느낌들이 이 책들에는 가득하기에 누구에게도 줄 수 없다. 이들이 나의 가장 깊은 속내까지 아는 제일 조용한, 가장 친한 친구다.

학기 중에 책으로 나를 채운다면, 방학 중에는 여행으로 나를 비운다. 내게는 여행의 기준이 없다. 여행이라면 쌍수를 들어 무조건 참여한다. 두 명도 좋고 60명도 좋다. 국내 여행도 좋고 해외여행도 좋다. 어디를 가도 느끼고 누구와 가도 배울 게 있기 때문이다. 또한 어디서든 감사하며 잘 수 있다. 한번은 제주도에

3만 원짜리 호텔이 있어 좋아라 하고 갔는데 진짜 허접한 곳이었음에도 추억할 거리가 많아 후회 없는 여행이었다. 이곳과 20배 정도의 차이가 나는 호텔에 투숙했을 때도 좋았다. 하지만 고급스러운 호텔 때문에 좋은 것만은 아니기에 난 가리지 않는다. 인도에서는 시장통 안에 있는 아주 저렴한 호텔에서 열흘을 견디며 보냈지만 지금도 그곳이 그립다. 내 영혼에 오롯이 쉼을 준 소중한 곳이기 때문이다.

　제일 좋아하고 많이 경험한 것은 해외 봉사활동이다. 필리핀의 레가스피에서는 10년이 넘게 방문하여 다양한 봉사활동을 경험했고 태국, 네팔, 인도, 티베트 등에서 잊지 못할 경험도 했다. 미얀마는 세 번이나 갔지만 각기 다른 의미의 여행이 되었다. 특히 오랜 시간 동안 참여했던 레가스피에서는 하루 종일 일하고 땀내 나도록 뛰어다녔지만 늘 내 안의 괴로움은 비우고 그들로부터 선한 영향력을 공급받아 돌아왔다.

　하루 종일 바닷물로 빨래하는 17살 엄마에게, 한 끼의 식사를 하루 종일 나누어 먹던 8살의 아가에게, 내 손길을 받고 싶어 하루 종일 줄을 서는 그곳의 어린이들에게, 내 선물에 대한 답례로 자기 아이 옷의 실을 풀어내 가방을 만들어 선물해 준 제인의 엄마에게 난 욕심 비우는 법을 배웠다.

    가는 곳마다 많은 사람들을 만나고 각기 다른 모양으로 나를 비우며 그들의 필요를 내어주려 애썼다. '나'는 많은 경험을 먹고 싶어 하고, 그것을 꼭꼭 씹어 잘 저장해 둔다. 그리고 적재적소에 저장해 둔 것들을 배설한다. 이게 내가 사는 중요한 의미가 되어 지금의 '나'라는 사람을 만들어 냈다. 꼭꼭 씹어 내 속에 저장해 둔 것들이 살을 만들고 키를 키워 나를 성장케 했다. 더불어 자주 올라오는 일상의 괴로움 견디는 것을 멈추고 "왜 괴롭지?"하는 질문을 던졌다. 괴로움의 뿌리를 찾아내는 생경한 작업도 했다. 그리고 중요하지만 가장 어려운 질문 '왜 사는가?'와 '나는 누구인가?'를 끊임없이 물으며 이에 답하는 삶을 살아가고 있다. 머리가 쉴 새 없이 움직인다는 단점을 제외하면 꽤 의미 있는 일이다.

    나는 참 하찮고 별 볼 일 없는 사람이다. 그런데 어느 날은 아주 특별해지고 싶고, 어느 날은 웬만한 빌런 저리 가게 못되기도 하고, 어느 날은 세상 멋지기도 하다. 변하는 기준을 몰라 많이도 방황했다. 마음의 비를 맞아 부들부들 떨기도, 혼자 맞는 눈 때문에 그리도 시렸다. 남들은 모르는 나만 아는 눈물을 구석탱

이에서 앉아 소리 없이 뿌리기도 했고, 침대 속에서 베개를 입에 물고 통곡하기도 했다. 나를 몰라서, 내가 왜 그런지 몰라서가 그 이유였으리라! 그 많던 책 속 인물들이 나를 설명해 주고, 그 많은 여행지의 경험이 내 성향을 이해시켰다. 어떤 의미가 참된 건지, 무의미가 무얼 의미하는지 생각하게 해주며 기준점을 잡아주었다. 더 깊은 의미를 알기 위해 남아있는 나날도 독서로 여행하고, 여행하는 독서를 즐겨보자.

나의 노년을 위해,
부모님의 노년을 배운다

    방학은 재충전의 시간이라는 생각보단 남는 시간이라는 생각이 들어 늘 무언가 의미 있는 것들을 해야만 만족스러웠다. 대부분 해외로 봉사활동을 나가거나 여행을 다녔었는데, 이번에는 겨울방학과 봄방학 동안 요양보호사 자격증을 따봐야겠다는 생각이 들었다. 막연하게 양가 부모님이 계시니 요양보호사를 따 놓으면 좋겠다는 가벼운 생각에서 시작했고 하시는 분들이 시험보기가 어렵지 않다 하셔서 별생각 없이 도전했다.

    그러나 이 과정이 생각보다 쉽지 않았다. 직장 일과 병행하기에는 시간적 소모가 많았고 실습은 말 그대로 '노동'이었다. 실습하면서도 후회스러운 마음이 들었으나 남은 관문, 시험이 기다리고 있다. 70대 어르신들도 붙는다는 시험이라서 우습게 여겼는데 절대 우스운 시험이 아니었다. 보강하러 주말에 갔더니 떨어지신 분들이 와서 듣고 계셨고 심지어 40대의 지인도 첫 번째는 떨어지고 두 번째 가까스로 붙었다. '와, 70대도 붙는 시험에 떨어진다면 정말 창피하겠지!' 하며 모의고사를 풀어보니 가까스로 붙는 정도여서 공부해야 했다.

    요양보호사 자격증을 따겠다고 결심한 순간 지금까지 내가 사람의 사는 삶에 대해서만 알았지 죽음까지의 인생에 대해서는 무지했다는 것을 알았다. 살면서 한 번도 생각해 보지 않던 노후, 이렇게까지 가까이서 본 적 없는 늙음의 양면, 이들의 현실적인 문제와 질병, 관리와 도움, 그리고 임종까지의 과정을 공부하는 시간은 놀람과 깨달음의 연속이었다.

    처음 시작할 때는 가볍게 '이거 꽤 재밌네?' 정도였다가 얼마 지나지 않아 진지하고 겸허한 마음으로 집중하게 되었고, 실습 기간에는 매 순간이 성찰의 시간이었다. 노년의 삶에 반드시 찾아오는 질병과 노환을 피할 수 있는 사람은 없었고, 대다수의 노인에게 필요한 말벗을 해 줄 사람은 하나도 찾아오지 않았다. 한 요양원의 어르신들이 고작 며칠 오는 나에게 마음을 기대어오는 걸 느끼며 내 맘 한편이 아려왔다. 그들에게 '늙음'이란 노사연 가수가 말하던 '익어가는 과정'만은 아니었다.

    요양보호사 과정 중에 나오는 대부분의 내용은 내 부모님들의 현재 상태를 그대로 나타내고 있다. 그러다 보니 지식이 지식으로만 받아들여지지 않는다. 곧 내 부모가 걸어가야 할 길이자, 내가 자녀로서 겪어낼 현실이기 때문이다. 정신 차려 잘 공부해 놔야 내 부모의 필요를 잘 채워줄 수 있기 때문이다. 가슴 아프지만, 눈물겹지만 내 부모는 자꾸 늙어가고 있고 그들의 삶은 끝을 향해 가고 있음이, 곱은 손가락을 보며, 살이 내린 몸을 보며, 절뚝이는 다리를 보며 절실히 느껴진다.

    요즘 <폭싹 속았수다>라는 드라마가 인기라는데 내용이 부모와 자식 간의 현실적인 내용이라 매회가 눈물 폭탄이란다. 나도 이제 노년을 준비하는 시기다. 나의 아름다운 노년을 위해서라도 할 수 있는 한 내 부모의 아름다워야 할 노년을 돕고 싶다.

    덜 외롭게, 덜 아프게, 덜 불편하게, 덜 그립게, 더

기쁘게, 더 웃게, 더 움직이게, 더 좋은 것을 경험할 수 있게 돕고 싶다. 그래서 눈물 폭탄의 드라마 같은 노년기가 아니라, 미소 폭탄의 노년이 되도록, 돌아가시고 후회의 눈물이 피부에 저미는 게 아니라 그리움의 눈물만 뺨 위에 흘러내리도록 애써 돕고 싶다.

영월 어느 골짜기에 핀 꽃

　방학을 맞아 평창에 계신 엄마를 보러 여행을 갔다. 영월의 맛집을 찾아 몇 개의 산을 넘고 긴 동강을 따라 천천히 차를 몰았다. 비 오는 날이라 산세와 강물의 흐름이 한층 고즈넉하고 운치 있었다. 더구나 산중턱의 운무로 인해 잠시 뒤에 산신령이 나타날 것만 r 길을 눈 앞이 흐릿해서 긴장하며 차를 몰았고 아주 천천히 운전했다. 산길을 돌아가던 중, 문득 산 귀퉁이에 아주 작게 피어 있는 들꽃 무리를 발견했는데 빠르게 지나쳤다면 결코 볼 수 없었을, 그 작고 여린 꽃이 조용히 피어 있었다. 창문을 급히 내려 소담스레 핀 분홍과 다홍의 빛깔로 물들인 소박한 꽃들을 더 자세히 보았다. 정말 잠시 본 그 꽃들은 내 눈을, 내 마음을 사로잡았는데 어느 하나도 내 엄지손톱보다 크지 않았고, 한 송이만 덩그렇게 피지 않았다. 오히려 너무 많이 모여 피어 한 덩어리의 잡초처럼 보일 수도 있겠다 싶었다. 그 순간 문득 든 생각, '저 꽃은 피어 있는 목적이 다르구나. 누가 봐주기를 기대하지 않고, 그저 스스로가 가장 행복한 곳에서 조용히 피어 있는 거야. 그렇게 자기다운 삶을 만족스럽게 살다 가겠지.'였다.

얼마 전, 내가 가르치는 아이 중 하나가
"전 공부든, 노래든, 악기든, 노는 것이든 정말 열심히 하고 싶어요. 다른 사람에게 인정받고 싶거든요."
라고 말했다. 나는 아이에게 이렇게 답했다.
"맞아, 누군가에게 인정받는다는 건 기쁜 일이야. 하지만 그 인정이 언제나 변하지 않고 곁에 있는 건 아니야. 다른 사람의 인정은 때로 변덕스럽고 예측할 수 없어. 남의 인정만 기다리면 내가 정말 누구인지 무얼 바라는지 알기가 어렵단다. 혹 알더라도 다시 잃어버릴지 몰라. 내가 나를 인정할 때, 그때야말로 진짜 행복을 느낄 수 있어."

아이에게 지금은 어려운 이야기일 테지만, 미래의 아이에게 꼭 필요할 말이라 해주고 싶었다.

나 또한 타인의 인정에서 자유로운 적이 없다. 나는 가깝지 않은 사람들에게 별 신경을 쓰지 않는다. 그래서 있는 그대로의 모습을 보는 건강한 관계를 맺을 수 있다. 그러나 가까운 사람들에게는 다르다. 내 것을 아끼지 않고 다 준다. 주는 만큼 그 사람을 소유하려 하고 나를 포기하며 그 사람에게 맞추기도 한다. 그러니 왜곡된 눈으로 참고 어그러지며, 마음 벽이 얇아져 그 사람의 시선이나 말 등 조그만 일에도 민감하게 반응하게 된다. 받은 감정을 마음속으로 계속 되풀이해 생각하며 내 속을 긁어대다 결국 피가 나 생채기가 된다. 그렇게 내 속의 열등감을 만들어 내던 나다.

　에리히 프롬의 『소유냐 존재냐』를 읽으며 내 소유의 삶을 돌아보고, 내 안의 이기심을 조금씩 비워내기로 했다. 내 욕심과 뒤틀린 욕구 때문에 가장 상처받는 건 결국 나 자신이었으니까 말이다. 그리고 나를 이해해 보기로 했다. 또한 내 눈을 믿어보기로 했다. 내가 나를 바라보는 것이 너무나 어색했지만 노력해 보기로 했다. 남의 시선을 좇느라 자신을 못마땅해하며 잠 못 이루던 밤들이 조금씩 사라져 갔고 남들이 나에게 관심을 가져도 괴롭고, 관심이 없어도 괴로웠던 지난 시간들을 내려놓았다. 대신 나를 인정하고 아껴주는 시간, 나에게 집중하는 시간을 늘려보기로 했다.

지금 나는 영월 어느 산 귀퉁이에 피어난 들꽃이다. 예전에는 도심 한복판 공원의 눈부신 꽃이 되길 꿈꿨다. 그 꿈을 좇느라 내 몸은 너덜너덜해졌고, 공원 안으로 들어가려 애쓰던 영혼마저 희미해졌다. 이제 나는 조금 건강해진 몸과 영혼을 이끌고 조용히 영월로 기어들어와 아무도 보지 않는 한쪽 구석에 단단히 뿌리를 내린다.

'내 꽃이 아름다운가?'
하는 질문에는 무심한 채,
'내가 아름다운가?'
하는 질문에는 온 마음을 기울이면서.

그 여름, 간이식탁 위의 기적

"따르릉따르릉", 집 전화가 울리면 엄마는 "여보세요? 지금요? 알았어요." 한다. 그리곤 후다닥 움직이며 "얼른 네 옷 몇 벌 가져와. 우리 여행 갈 거야." 하며 짐을 꾸리신다. 아이스박스에 김치며 밑반찬, 과일을 수북이 담고 집 어딘가에 숨겨 놓은 돈다발을 찾아 박스 깊은 곳에 다시 숨기셨다. 사는 데 정신없던 어린시절, 여행은 꿈도 꾸지 못할 적에 부모님 덕에 난 때마다 여행을 다닐 수 있었다. 아주 부유하진 않았지만 지혜롭고 억척인 엄마 덕분에 여행 다닐 형편은 됐었나 보다. 무계획적인 아빠가 즉흥적으로 여행을 간다고 하면 우린 두말없이 준비해 어디론가 떠났다.

그 당시에는 지금처럼 예약제가 아니었기에 어디로 갈지, 어디서 잘지 아무도 몰랐다. 카드도 없던 시절이라 현금을 들고 다니며 써야 했고 고속도로는 외길이라 지금과 비교할 수 없을 정도로 긴 시간을 대기해야 했다. 극성수기 때는 대략 부산을 20시간 정도, 강릉은 10시간 이상을 가야 했다. 지금은 기차로 2시간이면 도착할 수 있는 거리를 말이다. 그럼에도 이런 길 막힘에 분을 내거나 힘들어하지 않았다. 그냥 당연한 것으로 받아들이고 여행을 갈 수 있음에 감사했다.

가다가 너무 막히면 우리는 갓길에 차를 세웠다. 이미 우리 차 앞으로 많은 차들이 주차해 있었고 아빠는 트렁크에 있던 간이식탁을 꺼내 옆에 흐르는 냇가 가운데에 고정한다. 이때부터 신나는 나의 물놀이가 시작된다. 이어 냇가에 커다란 수박을 동동 띄운 엄마는 더 부랴부랴 김치를 가져다 꽁치를 넣어 금세 부글부글 김치찌개를 끓이고 아빠는 옆에서 밥을 한다. 난 수박이랑도 놀고 첨벙첨벙 물과 맞난다. 간이식탁 위에 밥과 찌개가 올려지면 우린 버너 속 밥을 실컷 먹고 엄마는 누룽지까지 끓여 먹인다. 아빠는 연이어 수박을 잘라 내 앞으로 내민다. 우린 그 수박까지 맛있게 먹고 난 뒤 산뜻해진 몸과 마음으로 다시 목적지를 향해 출발했다.

이런 진짜 여행의 경험이 내 세포 구석구석에 살아 지금도 나를 곳곳으로 떠나게 만든다. 진짜 여행의 의미가 무엇인지 가르쳐 주신 부모님 덕에 여행을 하는 것에 어떤 주저함도 없다. 시간이 없어서, 돈이 없어서, 마음의 여유가 없어서 등 말도 안 되는 핑계로 여행을 미루지 않는다. 어릴 적 이 경험들이 내 인생의 찬란했던 기억으로 자리 잡아 어른이 된 지금, 나의 얼굴에 미소를 만들어 내기 때문이다.

더운 여름과 대비됐던 시리도록 차가웠던 시냇물의 온도가, 차가운 냇가 물로 등목하며 환하게 웃던 아빠의 얼굴이, 끓인 찌개를 맛있게 먹는 가족을 보며 행복해하던 엄마의 마음이 나를 따스하게 한다. 여행지에서 비싸게 먹는 그 어떤 음식보다 대충 끓인 이 찌개가 나에게 여행을 각인시켰고 아무리 편한 여행도 내 기억을 잡을 수 없는 이유가 여기에 있었다.

누구와 가도 무엇을 해도 다신 돌아갈 수 없는 아쉬운 내 어릴 적 가장 따스했던 날들, 배시시 미소 지으며 마음을 붙들고 어린 그 시절로 나를 소환시킨다. 부모님 때문에 힘든 날도 분명 많았지만, 부모님 덕분에 감사한 나날들도 많았음을 나는 기억한다. 그때의 여행이 지금의 내가 되어 이 글을 적을 수 있는 이유였음을 또한 인정한다. 어른이 되어 더 이상의 찬란한 여행은 없지만, 이 기억들을 붙들고 나는 또 다른 빛깔의 찬란함을 찾을 수 있다.

젊은 베르테르의 슬픔을 펼치며

계획형 인간인 나는 방학 전부터 늘 스케줄을 채워 놓는 편이다. 방학 첫날부터 마지막 날까지, 여행과 영화와 읽고 싶던 책과 음악회, 전시회까지 나름 골고루 배정해 날짜에 맞춰 넣었다. 하지만 방학 첫날이 생각지도 못한 일로 시작됐다. 엄마가 서울에 올라오셔서 함께 며칠을 지냈는데 일어나자마자 손목 아프시다며

"일어났니? 이리 와서 오이지 좀 짜라." 하신다.
햇빛 찬란한 아침에 나는 눈 비비고 일어나 손 씻고 겨우 오이지를 손에 쥔다. 평소에 가보지 못한 브런치 카페라도 가볼까 했는데 와장창! 현실은 오이지! 오이지를 들고 얼굴에 핏대가 생길 정도로 힘주어 짰다. 오

이지는 의외로 힘이 셌다. 자기 안에 있는 물기를 절대 뺏기지 않으려 애썼고 난 뺏으려 애를 썼다. 아침부터 난데없는 오이지와의 전투, 난 최선을 다해 이겼으나 엄마의 표정은 "쯧쯧쯧" 만족스럽지 않다.

    나름의 로망을 기대하며, 일어나 커피 한잔을 손에 들고 클래식을 틀어 놓고 명상에 잠긴다던가, 나의 긴 책장을 더듬으며 어떤 책으로 손을 펼칠까 하는 행복한 고민에 빠지는 그림을 그렸었다. 아니면 엄마도 오셨으니 남양주 쪽의 유명한 브런치 카페에 가서 강물을 보며 낭만을 즐기리라 생각했다. 그것도 아니면 조조영화를 보러 가서 팝콘을 손에 들고 영화의 세계에 홀라당 빠지는 것도 좋을 것 같았다. 이것도 저것도 아니면 알콩이 데리고 산책이라도 가면 좋을 터였다.
    나는 오이지와 사투를 벌이며 "엄마, 이거 지금 꼭 해야 해?"하며 투덜댔다. 엄마는 들은 체도 않고 "에그 이게 뭐니? 물을 꼭 짜야 맛있지. 물이 줄줄 나오네." 하는 핀잔을 들으며 나는 못내 꿈꾸던 시간을 붙잡으려 했다. 하지만 엄마는 한 번 더 짠 오이지를 참기름과 고춧가루에 버무려 아주 고소한 향을 풍기는 반찬으로 만들어 버렸다. 나는 언제 투덜거렸냐 싶게 오이지 반찬에 아침을 아주 야무지게 먹어 버렸다.

방학과는 다르게 학기 중 하루의 시작은 일어나자마자 씻고 바쁘게 화장하며 그 와중에 아침 말씀을 듣고 하루의 성찰을 준비하며 출근한다. 일찍 가는 편인데도 미리 등교한 학생들이 먼저 와 내 자리를 지키고 있다. "서언새앵니임, 기다리고 있었어요."하며 달려들어 안고 손을 잡아 흔든다. 나는 그러려니 한다. 어제 엄마랑 외식 나갔는데 뭘 먹었고 어쩌고저쩌고, 아침에 일어나서 동생이랑 싸웠는데 이유가 어쩌고저쩌고…, 언니가 저 때렸어요. 내가 아무 짓도 안 했는데 어쩌고저쩌고…. 나름 심각하게 말하는데 내 눈엔 우습기만 한 이야기들을 듣는다.

　　이렇게 가자마자 아이들의 폭풍 수다를 들어야 한다. 1시간을 미리 갔는데도 겨우 커피 한잔을 마시며 클래식 음악을 아이들 목소리의 배경 삼아 들을 수 있다. 그럼에도 그들과 상호작용을 해야 하기에 한 명 한 명에 집중하는데 아이들이 그 시간을 얼마나 기다리는지, 얼마나 좋아하는지 알기에 나는 매일 일찍 출근해서 그 아이들에게 내 시간을 내어줌이 아깝지 않았다. 하지만 나의 여유는 어디서 찾는다는 말인가! 학기 중에 여유를 찾는다는 건 소가 웃을 일일 것이다.

　　소가 안 웃을 여유로운 방학이 되었고, 그 첫날 아침은 이리 시작되었다. 오이지와의 전쟁도 맛있는 아침으로 기억되고, 엄마는 며칠 뒤 가셨다. 내일부터는 내 맘대로의 하루가 시작된다. 미리 무엇을 할지 결정하기도 싫고 시간 가는 대로 마음 가는 대로 보내 보기로 했다. 늘 계획하던 머리도 쉬고, 그 머리에 맞춰 움직이던 팔. 다리도 쉴 수 있게 말이다. 다만 내가 평소 부러워하며 벼르고 벼른 일을 하리라 생각했다. 설레서 잠도 안 오는 내 모습이 귀엽기도 하다.

다음 날, 일어나자마자 꿈꾸던 일을 시작한다. 식탁에 어제 늦게까지 읽던 괴테의 『젊은 베르테르의 슬픔』이 펼쳐져 있어 따뜻한 물 한 잔을 들고 앉았다. 베르테르가 로테에게 빠져 헤어 나올 수 없는 슬픔과 사랑 고백들로 가득 찬 페이지를 읽는다. 그 와중에 왼쪽에서는 밥솥이 칙칙거리며 자신의 존재를 알리고, 오른쪽 세탁기도 돌아가고 있음을 열정적으로 알리고 있다. 괜찮다. 그들은 나에게 말을 걸 뿐, 내가 바라보지 않아도 되는 존재들이기에 나는 집중하지 않는다.

조용한 클래식 음악과 함께 열린 창문으로는 분주한 아침을 여는 소리가 들리고 뒤쪽 창문으로는 매미 소리도 들려온다. '아, 우리 집의 아침 소리가 이렇구나!' 꽤 낭만적이다. 어떤 상황이든 내가 생각하고 싶은 대로 생각할 수 있는 건 아주 감사할 일이고 낭만

적이다. 듣기 싫은 소리가 간간이 나지만 용서할 수 있다. 지금 내 마음은 낭만 회복 탄력성을 제대로 장착하고 있기 때문이다.

지구는 인간 병에 걸렸어

『내일을 바꾸는 작지만 확실한 행동』이란 책이 있다. 이 책에는 지구와 친구별이 만나 대화를 나눈다. 친구 별이

"불쌍한 지구! 엉망진창이 됐네. 어쩌다가 이렇게 된 거야?"

지구는

"인간 병에 걸렸어."

그 말에 친구 별이

"아, 그랬구나. 걱정 마. 놔두면 알아서 사라질 테니까. 나도 인간 병에 걸렸다가 말끔히 나았어. 지금은 아주 건강해."

평창에는 꽤 유명한 '흥정계곡'이 있는데 적당히 깊고 맑은 물과 물소리, 색색의 초록이 층을 이루어 주위 풍경이 더할 나위 없이 아름다운 곳이다. 십수 년 전, 이 계곡에서 휴가를 보낸 뒤, 평창의 매력에 빠져 부모님은 이곳에 정착하셨다. 시간이 꽤 흐른 지금은 사람들이 많이 찾는 명소가 되었고 오히려 우리는 번잡스러움이 싫어 잘 가지 않았다.

   오랜만에 시원한 기운을 쐬러 부모님과 흥정계곡에 갔다. 몇 년 전까지만 해도 얼핏 산 중턱까지만 펜션으로 가득했는데 이제는 산꼭대기까지 한참을 올라가도 여행객들로 붐비고 있었고 전에는 좁은 비포장길이어서 위험하고 불편했던 길이 포장도로로 잘 닦여 있어 운전하기는 편했다. 2차선으로 깨끗하게 닦여진 길 옆으로 주차할 수 있게 마련된 곳까지 관광객을 위해 맞춤형으로 개발되어 있어 좋기도 했지만, 한편으로는 그리 아름답던 자연 그대로의 모습이 손상되어 씁쓸하기도 했다.

   더 깊숙이 올라가면 예전에는 들어갈 수 없었던 비밀의 숲길이 나오는데 이제는 현지인이 된 부모님 덕에 그 길을 찾아 들어갈 수 있었고 자갈밭인 비포장길이 나와 반가웠다. 추억에 젖어 깊이 들어가 보니, 상수원이라고 적힌 푯말이 보이기도 하고 점점 길이 좁아져 잠시 멈춰 차에서 내렸다. 옆쪽에는 강보다는 작고 시냇가보다는 큰 물줄기에서 청량한 소리가 들렸는데 뒤엉킨 식물들을 훑으며 좁은 틈으로 겨우 길을 내어 냇가로 내려갔다.

인간들이 낸 흙길이 옆에 있어 '야생의 자연'이랄 수는 없지만, 인간 냄새가 자연 속에 고스란히 녹아 없어져 물 냄새, 흙냄새, 식물 냄새가 가득했다. 우리가 말하지 않는 한 인간의 언어는 없고, 자연의 대화만이 시끌시끌했다. 우리는 잠시 지나가는 이방인이라 냇가 한 귀퉁이에 조심스레 발을 담그고 그 서늘함에 피부의 날을 세웠다. 왠지 이곳에서는 큰소리를 내거나 물장구를 치거나 해서 그들의 질서를 방해하면 안 될 것 같았다.

헬레나 노르베리 호지의 『오래된 미래』와 레이첼 카슨의 『침묵의 봄』 등의 책을 읽으며, 이런 개발이 과연 인간에게 이로운 것인지, 미래의 우리에게 해가 되는 것은 아닐지, 인간으로 인해 지구환경은 미래에 어찌 변하게 될지, 인간인 나 스스로에게 화두를 던졌다. 더불어 5학년 아이들과 김남중의 『자존심』이라는 책으로 '인간과 동물은 평등하다'라는 논제로 토론을 진행했다. 과연 지구의 주인이 인간인가? 아이들에게 아니라고 이야기하면서 주인처럼 살고 있는 이 모순적인 행태에 대해 깊이 나눠보고 싶었다.

처음에는 '평등하지 않다'라는 의견이 우세했다. 아이들 생각에 사람과 동물을 비교급으로 두는 것이 이상했나 보다. 그러나 책을 통해 인간이 동물의 생명을 좌지우지할 권리가 있는가에 대해 생각하고, 인간의 욕심에 의해 동물들이 희생당하는 사례들을 살펴보며 아이들은 슬금슬금 '평등하다'라는 의견으로 옮겨갔다. 그들의 근거는 인간이 동물을 다스릴 수 없으며 마음대로 기르거나 소유할 수 없다는 '동물권'에 기초했다. 반대 관점은 지구의 질서를 위해 어쩔 수 없는 동물의 희생이 필요하고, 생각할 수 있는 우위 인간의 지배를 받아야 한다라는 그럴듯한 근거가 나오기도 했다. 토론에서 이기고 지는 것이 뭐 그리 중요하겠나! 이 활동으로 인간이 가져야 할 바람직한 동물에 대한 상을 만들고 배우는 것이 목적이지.

아이들이 가져온 사례 중 인도에서 실제로 일어났던 일이 모두를 숙연하게 했다. 코로나로 인도의 모든 사람이 집안에 들어앉으니 숨어 있던 동물들이 거리로 나와 길을 산책했다는 이야기였다. 흔히 볼 수 없던 치타나 회색늑대, 산양까지 사진에 찍혀 뉴스에 나왔는데, 동물들은 코로나를 만들어 내고 스스로 해결도 못하는 인간들을 보며 과연 인간이 자신들보다 우위에 있는 생명체라 인정할까? 그 길의 주인처럼 구는 나와 같은 인간들은 각성하고 깊이 숙고해야 한다.

자연은 우리 것이 아니라 모두의 것이어야 하고, 우리는 모두 중의 하나여야 한다. 물론 하나님께서는 인간에게 "생육하고 번성하라"라고 하셨다. 이 말은 생육과 번성을 위한 책임을 지라는 것이지 우리 마음대로 주인행세를 하라는 권리를 주신 것은 아니다. 어쩌다 들어온 이 깊은 산속 옹달샘을 보면서 나는 토끼와 같은 존재임을 느꼈다.

'깊은 산속 옹달샘, 누가 와서 먹나요? 새벽에 토끼가 눈 비비고 일어나 세수하러 왔다가 물만 먹고 가지요.'

이 동요 속의 토끼처럼 조용히 사알짝 들어와 내가 필요한 만큼만 할짝할짝 채우고 돌아가는 양심적인 토끼. 이런 토끼의 자세가 우리에게 있어야 한다.

수레바퀴 위에서

 오랜만에 헤르만 헤세의 『수레바퀴 아래서』를 다시 펼쳤다. 어릴 때 이 책을 처음 읽었을 땐, 수레바퀴 같은 삶을 살아가는 한스를 보며 나와 같다고, 아니 인간 누구나 한스와 비슷한 삶을 살아가는 거라고 겁 없이 생각했다. 결말을 읽으며 '태어난 것이 축복일까, 아니면 죽는 것이 축복일까'라는 질문을 어렵게 붙들었고, 그 시절의 나는 사는 게 버거워 처음부터 태어나지 않는 것이 더 나았을 거라고도 생각했다. 그랬다면 미래에 대한 두려움도, 함께 살아야 하는 무게도 없었을 테니까 말이다.

 이번에 이 책을 다시 꺼내 든 이유는 교육청 특강

으로 중학생 대상 독서교육을 하게 되었기 때문이다. 이미 알고 있는 책이지만, 다시 느끼고 싶어 펼쳤다. 언제나 그렇듯, 다시 읽는 책은 더 이상 예전의 그 책이 아니다. 예전에는 보지 못했던 문장이 보이고, 느끼지 못했던 감정이 스며든다.

    내가 가장 좋아하는 책『나의 라임 오렌지 나무』도 열 번 넘게 읽었지만, 여전히 읽을 때마다 꺽꺽거리며 운다. 그런데 울음을 터뜨리는 장면은 매번 달라진다. 그건 아마 내가 변하고 있기 때문일 것이다.『수레바퀴 아래서』를 다시 읽으며, 나는 여전히 우유부단하고 생각이 많은 한스를 보았고, 그에게 기대를 걸며 저마다 다른 방식으로 도우려는 어른들이 눈에 들어왔다. 그리고 낚시! 한스에게 유일한 위안이자 선물이었던 낚시 이야기가 나올 때마다 가슴이 따끔따끔하다.
    그저 이 아이에게 낚시만이라도 허락했더라면, 조금은 더 살고 싶었을 텐데하는 마음이 불쑥 치밀어 오른다. 책장을 넘길수록 가슴이 묵직해진다. 결말을 알기 때문이기도 하고, 젊은 주인공의 복잡한 마음이 느껴지기 때문이기도 하며, 나의 젊은 날이 떠오르고 지금 가르치는 아이들의 마음과도 겹쳐서인지 한동안 심란함을 떨치기 어려웠다.

'수레바퀴 아래서'라는 표현은 책 속에서 단 한 번 등장한다. 성적이 계속 떨어지는 한스에게 교장이 말한다.

"그럼, 그래야지. 아무튼 지치지 않도록 해야 하네. 그렇지 않으면 수레바퀴 아래 깔리게 될지도 모르니까."

별다른 감정 없이 던진 말이지만, 바로 그런 어른의 무심한 말 한마디가 오히려 소름 돋았다. 그때 내가 느꼈던 불편함은, 그저 한스의 상황을 연상해서가 아니라, 어쩌면 나 자신이 그 수레바퀴 아래 깔려 신음하고 있었기 때문일지도 모른다.

이 대목은 지금까지도 읽을 때마다 어딘가 서늘한 공포를 안긴다. 그런데 이번엔 조금 달랐다. 삶에 최선을 다해 살아낸 한스. 그리고 그런 한스를 지켜보며 조금이라도 돕고 싶었던 어른들. 물론 그 방식이 좋지 않았을지라도, 그들 나름의 최선이었을지도 모른다. 그렇게 보면 한스는 외로울 틈이 없었던 아이였다. 늘 응원해 주는 아버지, 관심을 보내는 이웃들, 심지어 교장까지도. 단지 그 수레가 한스에게 맞지 않았던 것이고, 한스는 다른 수레를 선택할 용기가 없었던 것일지도 모른다.

다시 생각해 보면, 우리가 살아가는 이 '수레바

퀴 아래'의 삶에서 어떤 것을 보고 선택하는가는 결국 '나'에게 달려 있다. 내가 주체가 되는 수레바퀴라면, 삶은 견딜 만한 것이 되고, 감사할 제목은 주변에 늘 있다. 우리는 이 수레를 만들기까지 수고했고, 그 안에서 멈추지 않기 위해 애쓰고 있다. 이 수레 속에 갇혀 있다고 슬퍼할 게 아니라, 이 수레를 가졌음에 감사하고, 계속 굴러가고 있음에 감사하자.

 오늘도 멋진 나의 수레, 화이팅!

평창으로 책으로 세상으로

　　20년 전, 부모님이 평창에 집을 산 뒤로 우리는 일년에 두어 번 그곳으로 내려가 일주일씩 머물다 왔다. 거의 쓰러져가는 집과 밭뙈기가 있는 산 중턱이다 보니 다른 집이나 외부인은 하루 종일 있어도 보이지 않았고, 보이는 것은 산과 나무고 위를 올려다보면 하늘과 구름만 보였다. 정말이지 하루 종일 아무것도 할 게 없는 곳으로 5시 정도만 되면 깜깜해서 뭘 할 수도 없는 곳이다. 그런 그곳에 가서 하루이틀 정도가 지나면 무거웠던 머릿속이, 답답했던 가슴이 진정되는 경험을 했다. 터질 것 같은 분노와 미움을 담아 그곳으로 가면 산이, 나무가, 하늘이 나의 힘든 감정들을 고스란히 받아내 주었다. 그 공간에서의 위로가 나를 다시금 일어서게 했고 잠시나마 숨을 고르게 했다. 그 위로가 늘 마음에 남아있다. 이런 경험을 통해 좋은 공간으로 떠나는 것만으로도 쉼이 될 수 있음을 알았다. 그래서 틈틈이 같은 경험을 하기 위해 노력한다.

　이런 감정을 느낄 수 있는 다른 하나는 독서로, 간접적이지만 현실을 떠나 다른 차원의 공간으로 이동하는 것이다. 어느 여름날, 퇴근하며 무거운 머리로 집 앞에 있는 작은 카페로 향했다. 그때 가와바타 야스나리의 『설국』을 읽었는데 한여름이라 야외카페는 더울 법도 했는데, 읽다 보니 온몸이 서늘해지며 내가 그 안의 여자 주인공이 되어 절절한 삶을 살고 있었다. 책을 덮으며 아까까지 뭘 고민했었는지 기억도 나지 않았다. 추위에 소름이 돋았고, 힘든 삶에 가쁜 숨을 내쉬었다. 얼마나 집중했는지 한 여름밤의 설국을 맛보는 희한한 경험만 남았다.

　카페 사장님은 손님이 나밖에 없어 일찍 문을 닫고 싶었으나, 내 책 읽는 모습을 보며 멋지다고 생각해 끝까지 기다려주었노라 말씀하셨다. 더불어 본인도 인문학 책을 읽어보고 싶어졌다고 전해주셔서 감사하다고 인사드렸다. 다른 분들에게 이 경험을 말하니 듣는 사람마다 『설국』을 읽겠다며 여기저기 책을 사는 진풍경도 보았다.

다른 하나는 진짜로 여행을 떠나는 것이다. 나는 사람들이 감탄할 만큼 틈틈이 여행을 간다. 자유 휴업일이 있는 날이면 어떡해서든 가까운 곳이라도 가고, 방학이 되면 2주 정도로 가보지 않은 곳이나 지인들이 살고 있는 외국으로 떠난다. 하루하루의 기행문을 쓰며 나를 힘들게 했던 문제들을 멀리 떼어놓고 객관화하며 소멸시킨다. 그리고 그 순간의 나를 즐긴다.

한번은 복잡한 마음으로 인도로 출발했다. 관계의 문제, 작아진 나의 문제, 부모님 문제 등이 얽혀있었고 그 마음으로 떠나면서도 홀가분하지 않았다. 가던 첫날, 도착한 순간부터 나는 내 생각을 잊었다. '뚝뚝이'라는 오토바이를 타고 위험천만한 도로를 달리는데 생사의 갈림길에서 내 고민은 고민이 아니라 사사로운 생각일 뿐이었다. 천막 속에 살면서도 미소를 지을 수 있는 아주머니와 구걸하다 만난 소년에게 문제는 문제일 뿐, 삶이 문제이지 않다는 것도 배웠다. 돌아오는 날, 내 얼굴은 살이 올랐고 마음은 문제를 내렸다.

내 영혼의 따뜻했던 날들을 많이 선물하고 돌아오면 넉넉해진 품으로 나의 학생들을 따뜻하게 품어

줄 수 있다. 예전의 그 평창의 쓰러져가던 집에서 느꼈던 해방감이 지금의 나를 만들었고 『설국』 속 고마코에게서 인생의 질긴 감내를 배워 참아내는 경계선을 넓힌다. 인도에서 배웠던, 그리고 다른 문화 속 이질적인 그들에게서 느꼈던 다름으로 생각의 범주도 확장한다.

    이 모든 경험들이 나만 보고, 나만 중요하고, 내가 느끼는 감정만 존재한다는 과오를 바로 잡는다. 그리고 다른 이도 오류를 범할 수 있음을, "어떻게 나한테 그럴 수 있어?" 하며 분노했던 입술이 "그럼, 그럴 수 있지." 하는 달관의 입술로 변화한다. 나를 둘러싼 자연의 위로가, 나와 같은 삶을 살고 있는 책 속의 주인공이, 나와 다른 삶을 살아내고 있는 다양한 그들이 오롯이 나만을 위해 실재하며 나의 상태, 나의 기분, 나의 심리에 주의를 기울인다. 그리고 불편하거나 부담스럽지 않게 나릿나릿 나를 회복시킨다. 나는 다시 가방을 꺼내 짐을 싼다. 회복될 설렘을 안고 평창으로, 책으로, 세상으로 떠나기 위해!

이런 느낌, 그리웠어요

역사를 가르치면서 '일본'이란 나라가 참으로 싫고 원망스러웠다. 그래서 일본이 해일로 고통당할 때도 '인과응보'라는 말을 쓰며 고소해했던 것도 사실이다. 하지만 세계사를 가르치면서 '일본'을 생각할 때는 옆 동네에 사는 나라가 궁금하기도 했다. 특히나 우리나라의 경주와 같은 분위기를 지닌, 옛 수도였던 '교토'가 가보고 싶었다. 교토는 1075년간 일본의 수도로 천황이 근거하는 곳이었으며 일본인들이 정신적 수도로 여기는 곳이다. 고대 사찰과 전통 정원이 어우러진 이 도시는 일본 문화의 뿌리가 살아 숨 쉬는 곳이기도 하다. 그래서 4일 연휴 기간에 오랜 시간을 함께 한 선생님들과 교토로 자유여행을 가기로 했다.

    전날까지 모든 일정을 마무리하고 이른 새벽에 출발했다. '여행도 힘 있을 때 다녀야 한다'고 했던가! 자유여행이라 모든 교통수단을 이동해 다녀야 하다 보니 하루 이만 보는 기본이었다. 지하철을 타고 버스를 타고 기차도 탔다. 틈틈이 걸은 걸음이 이만 보니 저질 체력을 자랑하는 내 몸은 점점 부어갔고 민폐녀가 되지 않기 위해 노력해야 했다. 가기 전, 가고 싶은 곳을 묻는 선생님에게 딱 하나, 〈이노다 커피〉 집에 가고 싶다 했다. 일본 3대 커피 중 하나로 꼭 먹어봐야 한다기에 강력하게 추천했다.

    첫째 날은 오사카에 갔다가 교토로 넘어오는 일정이었는데, 오사카에서 사람이 너무도 많아 압사로 죽을 것 같았다. 더구나 그 사람들은 거의 한국인이라 일본이라는 이국적 느낌은 하나도 느낄 수 없어 지체하지 않고 교토로 넘어갔다. 역시 교토, 택시로 이동할 때는 그냥 여느 도시의 느낌이었으나 뒷골목을 누비며 다니니 작은 집이 즐비했고 손바닥만 한 꽃밭에는 집주인들마다의 개성이 넘치는 다양한 꽃들이 심겨 있었다. 거리는 너무나도 조용하고 깨끗했으며 전통 그대로의 가옥들을 쉽게 볼 수 있었다. 이게, 교토구나!

둘째 날 늦은 오후, 먹거리와 볼거리가 풍부한 니시키 시장을 둘러보고 부은 다리를 이끌고 드디어 이노다 커피집에 도착했다. 들어가기 전부터 마음이 조금씩 설레기 시작한다. 간판도 입구도 "나 완전 오래됐어"라고 말하는 것처럼 보였고, 전통적인 것을 좋아하는 나는 설렐 수밖에 없었다. 들어서니 나이 지긋하신 분이 정장을 입고 서 계시다가 우리를 맞이해 주신다. 갑자기 정장이라니 너무 예의를 갖춘 듯한 느낌이 낯설었다. 옆에서는 사뭇 다르게 한국인 관광객들이 줄을 서 커피 티백을 사느라 시끌벅적했다. 유리창 쪽에는 이노다 커피의 굿즈들이 전시되어 판매도 하고 있어, 커피 사는 사람과 굿즈 사는 사람들로 입구는 정신이 없었다.

지배인인 듯한 이분이 팔을 뻗어 우리를 자리로 인도했다. '요즘 내가 어디를 가야 이리 나를 맞이해 줄까?'하는 생각이 들면서 마음이 찡했다. 게다가 안내해 준 자리에 앉으니 젊지 않은 웨이터분이 오셔서 메뉴판을 주시며 매우 공손하게 손배꼽을 하고 계셔서 우리도 매우 공손하게 주문했다. 조용한 실내 분위기에 조용하게 담소를 나누는 일본 어르신들이 곳곳에 보였고 우리도 작은 목소리로 우아하게 이야기를 나누었다. 사실 커피는 너무 써서 내 입에는 맞지 않았지만 이런 분위기를 누릴 수 있으니 더 바라지 않았다.

    화장실에 가려고 일어나니 저쪽에 있던 여자분이 눈치를 채시고는 손을 뻗어 화장실의 위치를 알려주었고 그런 작은 행동들이 감동이었다. 마치 내가 중요한 손님이 된 듯한 기분이 들었고 우쭐해지면서도 교양 있게 행동하고 싶어졌다. 이런 대접받는 느낌은 진짜 오랜만에 느껴지는 감정이었다. "우리 지금 대단한 사람이 된 거 같아요. 고급스럽고 교양 있게 행동해야 할 것 같아요. 말도 조용조용하고 웃을 때도 입을 가리며 웃어야 할 것 같아요" 함께 있던 선생님들과 우스개 농담을 하며 우린 비슷한 느낌을 받았다. 우아한 담소를 나누고 우리도 예의 있게 노신사 지배인에게 인사하고 나왔다.

    가식적이고 속과 겉이 다른 민족이라고 일본인들 모두를 치부해 왔다. 그러나 만나고 본 일본인들은 매우 예의 있고 우아했다. 어쩌다 역사책 속이나 기사 속에 만나는 무식하고 못된 일본인 같지 않았다. 물론 둘 다 이들의 모습이 맞다. 그럼에도 모든 일본인이 그렇지 않다는 것을 보고 느끼게 되었다. 커피집에서조차 예의와 격식에 맞게 조용하게 대화 나누던 노인분들, 자리를 차지하려고 먼저 치고 나가는 우리의 노인들과 느낌이 달랐다. 나이티를 내지 않고 깍듯하게 이끌어 주시던 상냥한 할아버지 지배인도 아주 인상적이다. 이곳은 카페라고 말할 수 없다. 커피만 파는 대형 가맹점 커피집이 아니기 때문이다. 존중과 배려도 함께 파는 곳, <이노다 커피 살롱>이라고 표현하는 게 맞다. 이런 느낌, 참 소중하고 그리웠다.

눈의 여왕의 낮은 밤보다 아름다웠다

 겨울 방학 특강이 끝나고 잠시의 여유를 갖고 삶의 환기를 위해 여행을 떠났다. 짧은 시간에 현실에서 멀리 떠나는 느낌이 드는 가까운 곳이 어딜까? 하다 고른 제! 주! 도!
 비행기를 1시간 남짓 타고 날아가면 미지의 세상으로 들어가는 느낌이 든다. 공항에 발을 디디면 그때부터 나는 교사도, 엄마도, 아내도, 일꾼도 아닌, 그냥 본연 그대로의 '나'가 될 수 있다. 그 느낌이 좋아 해마다 찾아도 그리 즐거울 수가 없다. 한 번은 학교 동료들과 한 번은 가족들과 한 번은 친구들과 그렇게 다양한 사람들과 제주도를 방문했다. 그러면 같은 장소

여도 다른 경험으로 각양각색의 추억이 아롱지는데 이번에는 늘 함께하는 친자매 같은 분들과 함께했다.

    그러나···.공항 밖으로 나오자마자 아름답게 눈발이 날리고 있었고, 어느덧 아름다운 눈발은 서슬 퍼런 날을 세우고 바람과 협력하기 시작한다. 새벽 벽두부터 나온 우리는 숙소로 가며 차창 밖으로 보이는 강한 바람에 몰아치는 눈의 몸짓에 집중하지 않을 수 없었다. 아래로 떨어지는 눈을 바람이 한 톨도 그냥 두지 않고 그대로 쓸어버려 작은 눈보라를 수도 없이 만들어 내고 있었다. 처음 보는 진귀한 광경에 우리는 끝을 모르고 감탄하며 사진도 연신 찍어댔다.
    그때까지도 우리는 몰랐다. 눈의 굴레에 빠질 거라는 것을···. 이때부터 시작된 눈은 돌아오는 날까지 끊임없이 내렸고, 내륙 길은 통제되어 막혔고 하늘길도 비행기가 결항 되어 막혀 버렸다. 진짜로 우리는 고립됐다. 고립된 우리는 눈의 여왕이 되었다. 눈의 여왕의 낮은 밤보다 아름다웠다. 고립 속에서도 이야기꽃을 피웠고 펑펑 내리는 밖을 보며 심란하기보다는 "또 눈이 와!"하며 까르르 웃어댔다. 이야기의 주제는 다양했고 끊임이 없었다. 심지어 한 명은 목이 쉬는 지경에 이르렀다. 매우 수다스러운 눈의 여왕들이었다. 눈이 오면 어떻고 비가 오면 어떠랴! 완벽한 계획안에서 살고 있는 팍팍한 현실을 벗어나 완전한 무계획 속에서 나를 퍼지게 만드는 것이야말로 여행의 묘미란 생각이 든다.

아침 일찍 일어나 아침을 먹으러 이동했다. 간단한 한식뷔페의 느낌으로 가볍게 식사하기 좋았고 통유리로 끊임없이 내리는 눈을 덤으로 볼 수 있어 더욱 좋았다. 더구나 뭘 해도 웃어주고 말하지 않아도 알아주는 이들과 함께하니 더할 나위 없이 좋았다. '라테 러버'인지라 커피를 시켜놓고 2시간 가까이 한 자리에서 수다를 떠니 관리하는 분도 보기 좋았나 보다. 우리에게 다가와 말도 거시고 이런저런 질문에 답도 해주신다. 생각해 보니 일찍 와서 가장 늦게까지 앉아 있는 우리에게 눈총도 안 주고 상냥하게 대해주신 그분께 새삼 감사하다.

이리 몇 날 며칠을 생각 없이 계획 없이 살 비벼대고 웃느라 넘어가고, 서로를 위해 아껴주는 이들이 있음에 가장 감사하다. 내 말을 곡해할까 봐 어휘를 고르고 말투를 바꾸는 대화는 정말 피곤하고 스트레스만 남는다. 좋은 만남은 이야기할수록 편안해지고 마음이 회복되며 다시 무언가를 할 수 있는 힘이 생기게 만든다. 가장 좋은 관계는 진짜 아무것도 하지 않아도 편안한 사이다. '편안'이 쌓이면서 마음의 파도가 잠잠해지고 파도의 노랫소리가 들리면 머리가 식으며 달아올랐던 갖가지 감정들이 사라진다. 이런 상태가 지속되면 만나기 어렵다는 '평안'을 느낄 수도 있다.

아무라도 좋은 인연이면 얼마나 좋을까! 누구에게나 맞춰지는 나라면 얼마나 좋을까마는 결코 그럴 순 없다. 좋은 관계를 맺을 사람을 만나기도 참으로 어려운 일이다. 좋은 인연을 만났을 때, 나도 좋은 사람으로 있어야 하는 순간도 어렵다. 관계의 어려움을 극복한 뒤 만나고 있는 이 사람들이 참으로 소중한 사람임을 알고, 때론 내 힘을 주고 가끔은 이들의 힘을 받기도 하며 나의 나 된 모습을 회복하는 것이 진정한 관계의 힘일 것이다.

대학나무

제주 하면 생각나는 건 귤과 말과 바람과 현무암, 해녀다. 집 가까이 〈바람길〉이라는 독립서점이 있어 한 달에 한 번 북토크를 진행하길래 신청했더니 마침 선정 도서가 『탐라 그리고 제주』였다. 신청자가 나 혼자라 책방지기와 2시간 반가량 1대 1로 북토크를 하면서 제주의 역사와 독자적인 문화, 그리고 지리를 통해 본 제주의 풍습까지 새로운 이야깃거리로 풍성했다. 이틀 뒤에 제주도로 떠날 거라 더욱 귀에 쏙쏙 들어왔고 특히 '귤'의 역사가 가장 인상적이었는데, 조선시대의 '귤'은 나의 어린 날의 '바나나'와 비슷한 존재였다. 제주의 특산물인 귤로 제주인들은 세금을 냈는데 탐관오리들의 부정으로 귤의 양을 맞출 수 없던 사람들이 아예 귤나무를 베어버리거나 불태워 버리기도 했다는 안타까운 역사도 책을 통해 알게 되었다.

제주도에 가서는 막상 눈 때문에 발이 묶여 다닐 수 없게 되어 해안선 길로만 다녔는데 지인의 지인분이 밥을 사주시는 바람에 로컬 맛집을 방문하게 되었다. 우럭 조림으로 유명한 가게인데 나이가 지긋한 아주머니 혼자 운영하셨다. 감사하게도 계산대 옆에 귤 한 상자를 놓아 자유롭게 먹을 수 있도록 해주셨는데 귤이 참 달고 시원하다고 말하다 보니 자연스레 '귤' 이야기를 하게 되었다. 아주머니께서는

"제주도는 집마다 귤나무가 있어요. 귤나무가 그 집 재산이죠. 그래서 우리는 귤나무를 '대학나무'라고 부른답니다. 아이가 한 명에 한 그루씩, 대학나무가 아이를 키우고 대학도 보냈지요."라고 하셨다.

나에게 '귤'이란 비타민을 먹기 위해 먹는 흔하디흔한, 과일치고는 싼값에 먹을 수 있는 과일 중 하나이다. 별 의미 없는 이 작은 과일이 누군가에게는 생명줄이었구나! 작디작은 과일 앞에서 급히 숙연해졌다. 비단 '귤'만 그런 것은 아니다. '나'라는 존재도 어느 곳

에서는 하찮은 존재로 보이기도 하고, 어느 곳에서는 가장 영향력 있는 존재가 되기도 한다. 마치 '귤'이 일 년에 한 번 먹을 수 있는 귀한 음식일 때도 있고, 계산대 옆에서 거저먹을 수 있게 비치되는 음식일 때도 있는 것처럼 말이다.

누구나 귀하고 싶지만 그럴 수 없을 때도 있게 된다. 귀한 존재일 때는 문제가 없겠지만, 하찮다고 느껴지면 속앓이가 시작된다. 귤이 한 아이의 공부줄로 쓰임을 받은 것처럼 우리는 누군가에게, 어딘가에서 반드시 쓰임 받는 존재였다. 과거일 수도 미래에 일어날 수도, 지금 쓰임 받고 있는데 모를 수도 있다. 하지만 쓰임이 없으면 또 어떠랴! 지금 딸과 떨어져 있어 보니 그냥 내 옆에 건강하게 붙어만 있어도 참 좋겠다고 생각한다.

딸이 옆에 붙어있을 때는 "공부해라"부터 "방 좀 치워라."는 기본이고 "제대로 된 사람이 돼라."는 옵션까지 아이에게 참 많이도 바랐었다. 아이가 다니는 학교에 영향력 있는 학생이 되기를, 심지어 나는 아이가 좋은 대학에 가서 학교 정문에 붙은 대학 합격 현수막에 아이의 이름이 딱 하고 들어가길 얼마나 바랐었는지 모른다. 지금 생각하면 참 별 볼 일 없는 간절한 희망이었다. 그냥 우리 아이는 존재만으로 나에게 소중한 귤인데 말이다. 아마 내 엄마도 나에게 이런 마음이지 않을까 싶다. 엄마에게 나는 하나밖에 없는 제일 크고 비싼 한라봉일 것이다. 적어도 내 부모만큼은, 내 가족만큼은 나의 존재만으로도 감사하며 품어줄 것이라 믿는다. 나 또한 이런 부모가, 이런 선생님이, 이런 어른이 되어야겠다.

책 팔아 밥을 샀다

 첫 번째 책을 출판하면서 '혹시 책이 잘 팔려서 돈이 들어오면?'이라는 상상을 해보았다. 굉장히 기분 좋은 설레는 상상이었다. 겁나 비싼 가방을 질러볼까? 가족들의 해외 여행비를 대볼까? 등등의 하찮은 꿈들을 꾸다가 머리를 스치는 하나의 생각! 그것을 붙들기로 했다. 출판기념회를 준비하며 여기 있는 책들이 잘 판매되기를, 그래서 그 수익금이 들어오기를 바랐다. 사실 들어간 비용을 다 회수하려면 모두 팔려도 모자란다. 그럼에도 책을 팔아 부자가 될 생각이 없기에 그저 목돈이 들어오기를 기다렸다. 상상만 해도 좋은 생각! 내 책이 많이 팔렸으면 좋겠는 이유 중 하나는 그동안 필통도 보내고, 네팔로 여행 가서 그곳을 방문해 놀기도 하며 추억을 쌓았던 아이들, 감사하다고 한글로 카드도 써서 보낸 기특한 아이들을 위해 사용하기로 했다. 보육원 원장님에게 보내는 것도 의미가 있겠지만 직접 아이들을 위해 쓰고 싶었다. 아이들이 진짜 좋아할 만한 것, 내 짧은 생각으로는 아이들이 평소에 가보고 싶지만, 갈 수 없는 레스토랑, 먹고 싶지만 먹어보지 못한 음식을 먹어보게 해주고 싶었다. 말 그대로 배 터지게 먹도록 회식비를 쏘는 것! 이게 내 책 판매의 1차 목적이 됐다.

처음 네팔 보육원을 방문해 아이들을 만났을 때, 아이들의 밝은 얼굴과 웃음이 나를 설레게 했다. 네팔 사람들은 주로 히말라야 등반 가이드로 일하는데 이들을 '셰르파'라고 한다. 눈사태를 비롯한 여러 위험한 상황에서 부모를 잃은 아이들이 이 보육원으로 보내졌기에 서로 비슷한 아픔을 가진 아이들이었다. 보육원은 생각보다 깨끗하게 잘 관리되어 있었고 열악한 환경 속에서도 아이들은 감사할 줄 알았다. 학교 아이들이 중고지만 깨끗하게 쓴 문구류를 모은 필통을 선물로 주었을 때, 손뼉 치고 소리 지르며 환호성 했던 모습을 감동으로 기억한다. 중고 필통에도 그리 좋아한 아이들인데 맛있는 음식에는 얼마나 열광할까 싶어 생각만으로도 행복했다.

드디어…. 첫판의 책이 모두 팔리고 네팔의 지인에게 연락했더니 1주 정도 찾아보겠노라는 약속을 받았다. 나는 꼭 아이들이 한 번도 가보지 못했던, 가보고 싶은 식당 이어야 한다는, 이날만큼은 무한대로 먹을 수 있도록 해달라는 조건과 나에게 아이들이 행복해하는 모습의 사진 한 장만 보내달라고 부탁했다. 호주에서 정신없는 날을 보내는 중에 연락이 왔다.

아이들이 가보고 싶어 하는 곳을 찾았는데 비용이 만만치 않으니 가능한지 검토해 달라는 내용이었다. 나는 두 번 생각할 것도 없이 바로 진행해 달라고 하며 돈을 보냈다. 돈은 이렇게 쓰라고 버는 것 같다. 뼈 빠지게 일하고 살 빠지게 글 써서 의미 있게 돈을 쓰니 또 다른 행복이 돌아왔다. '개 같이 벌어 정승같이 쓴다'라는 속담처럼 말이다. 몇 장의 사진과 함께 온 후기에는 그 전날부터 아이들이 기대감과 설렘으로 잠도 잘못 잤다고 한다. 보내온 사진 속 환한 웃음의 아이들이 잠시나마 행복해 보여 감사하다.

기다려봐, 열심히 돈 벌어, 또 보내줄게!

멜버른 커피 삼총사

시드니에서 얼마간의 일을 진행하고 아이들과 함께 멜버른으로 3박 4일의 여행을 떠났다. 호주인이 다 된 듯한 친구 같은 아이를 보며 대견하기도 하고 그리 적응하기 위해 얼마나 애썼을까 싶어 안쓰럽기도 했다. 새벽 비행기를 타고 도착한 도시는 시드니와는 다른 느낌이었다. 시드니는 우리나라 명동이나 선릉 같은 느낌이라면 멜버른은 서울역이나 동대문 같은 느낌이었다. 자유여행이다 보니 구글맵으로 하나하나 찾고 구석구석 골목들을 다 돌아다녔는데 지금도 멜버른이나 시드니 시내에 떨어뜨리면 찾아다닐 수 있을 것 같다. 열심히 다니며 기억에 남는 것 중 하나는 바로 커피집이다. 커피러버답게 가기 전, 가장 하고 싶었던 것은 어느 커피집 테라스에서 이국적인 도시를 느끼며 커피 향과 맛을 음미하고 싶었다. 마침, 아이도 멜버른 시티에는 3대 커피가 있다며 다 찾아가 보자며 제의했다. '야호!'

누구나 인정하는 첫 번째 커피집
〈Dukes coffee roasters〉
신경 안 쓰고 지나가면 지나쳐버릴 뒷골목에 다소곳이 자리잡고 있었다. 정신없는 입간판도 없고 요란한 색도 없이 우아하게 자리 잡아 입구부터 마음에 들었다. 작은 동네카페 느낌으로 살짝 어두워서 골목에서 들어오는 빛의 명암을 볼 수 있었다. 가장 안쪽 자리만 남아있어 쑥 들어가 앉으니 가게가 한눈에 들어온다. 다국적 국가답게 다양한 인종이 있었고 조용한 음악 사이로 들리는 영어와 큰 액션의 몸짓들이 여기가 한국이 아님을 말해주고 있었다. 창밖으로 보이는 사람들의 움직임이 그림처럼 느껴졌고, 낯선 도시의 오후가 내 일상 속에 스며드는 기분이었다. 시그니쳐인 '플랫 화이트'를 시켜 먹었는데 너무 묵직하고 진해서 기대했던 커피맛은 아니었지만 소소하지만 생동감이 느껴지는 작은 카페였다.

둘째 날에는 <Brother Baba Budan>

이곳은 내가 바랬던 테라스가 길가에 죽 이어져 있어 도시의 풍경을 감상할 수 있었다. 가게는 Dukes보다 더 작았는데 독특하게 천장에 의자들이 주렁주렁 달려있었다. 주문받는 분이 아주 유쾌하고 친절해서 기억에 남는데 잘 생기지는 않았지만 활짝 웃는 얼굴이 잘 생겨 보여 여러 번 보게 됐다. 처음에는 길가 자리에 앉아 사진을 찍고 나중에 자리가 생겨 들어가 커피를 마셨다. 밖은 유럽풍의 거리를 볼 수 있어 좋았고, 안에서는 열심히 일하는 바리스타들과 독특한 굿즈들을 구경할 수 있었다. 아이스 롱블랙을 시켰는데 개인적으로 듁스보다는 내 입에 맞았고 더 가볍고 깔끔한 맛이었다.

셋째로 간 커피집은 <Patricia Coffee>

골목 안까지 들어가서도 가게를 찾지 못해 옆집 아저씨가 알려주어 겨우 찾게 된 곳이다. 앞까지 와서도 설마 이게 커피집이야? 하는 마음으로 가니 이미 줄이 길게 늘어서 있다. 이 집은 동네 찐 맛집인지, 카페 주변으로 사람들이 둘러싸 커피를 자유롭게 마신다. 길에 서서 마시고, 플라스틱 상자를 뒤집어 앉아 마시고, 심지어 그냥 바닥끝에 걸터앉아 마시는 사람도 있었다. 근처에 법원이 있는지 판사복을 입은 사람이 들어오니 일하던 분들이 인사를 하기도 했고 양복 입은 남자들이 줄지어 들어오는 것을 보니 근처 회사 분들의 단골집인 듯했다. 어쨌든 갔던 곳들 중 가장 많은 사람들이 모여 신기할 만큼 자유롭게 커피를 마시는 곳이었다. 창가에 서서 플랫 화이트와 디저트를 먹고 창밖을 구경하다 밖에서 안쪽을 바라보고 싶어 얼른 나가 사진 몇 장을 찍으며 만족해했다. 커피 맛은 고소하고 부드러웠고 커피잔도 아담해서 가져오고 싶었다. 자그마하게 굿즈들도 전시되어 있고 생동감 넘치는 바리스타들이 일하는 모습을 보는 것도 진풍경이었다.

일본에 이어 호주 멜버른을 대표하는 커피집을 방문해 직접 체험해 보니 또 하나의 진기한 체험을 한 듯한 값진 시간이었다. 비싼 비용 때문에 살짝 멜버른 여행을 고민했었는데, 역시 떠나보니 소중한 시간이었다. 고민한 비용보다 받은 서사가 더 크다. 짙은 커피 향이 주는 추억과 카페의 이국적 설렘, 그 카페를 찾아가던 낯선 골목들의 여정이 마음에 남았다. 아마도 아이들과 함께하는 시간이라 더욱 귀하고 간절했는지 모른다. 오롯이 함께하는 이 시간이 언제 또 오겠는가! 이별을 앞두고 한순간 한순간을 의미 있게 새기려고 마음을 다스리며, 그리 좋아하는 커피로 허전해질 마음을 채우는 진한 시간을 보낼 수 있었다.

먹고 살아야 하니까요

"먹고 살아야 하니까요."

얼마 전, 교통사고가 나서 입원했던 청년에게 들은 말이다. 퇴원하자마자 회복이 안 된 상태로 출근해서 일한다는 소식을 들었다. "왜 그랬어? 회복이 얼마나 중요한데, 몸이 재산이란 소리 못 들었어?"라고 걱정 어린 타박을 하니 이리 말한다. 한쪽 다리에는 보호대를 차고 심장이 좋지 않다는 결과를 듣고도 몸 쓰는 일을 하러 일터로 나가는 이 청년의 말이 내 맘 한구석을 아리게 만든다. 더 뜯어말리고 싶지만, 청년의 상황을 알고 있는 나로서는 더 잡을 수 있는 구실이 없다. 그냥 안타까운 심정으로 어깨만 토닥여주었다,

호주에 간 둘째 아이가 베이커리 카페에서 일하게 되었다. 새로 문을 연 곳이다 보니 아직은 체계가 안 잡혀 스케줄이 전날 밤에 통보되기도 하고, 점심시간도 없어 굶기도 하고, 보내기로 한 주급도 안 줘서 몸고생 마음고생 중이다. 한 번은 이미 카페 앞에 도착했는데 매니저가 늦잠을 자서 1시간 뒤에 출근하라고 문자를 보내고 미안하다는 말 한마디 안 했다고 해서 한국에서 열받은 내가 날아갈 뻔하기도 했다.

아이는 고스란히 그 일들을 겪어내고 있다. 집에서는 하나도 잘 안 넘어가는 아이인데, 사회에 나가서는 안 참아도 될 일도 잘 참아내고 있었다. 혹시 이 아이도 먹고살아야 하기에 이러고 있나 하는 쓸쓸한 생각이 든다. 그런 아이에게 "당장 그만둬!"라고 소리치고 싶지만 끝내 그렇게 하지 못하게 하는 마음도 '먹고살아야 하니까'하는 마음 때문일지도 모른다. 쓸쓸하다. 이 나이에, 여기저기 쑤시고 아픈 몸을 이끌고 일하는 내가, 저 젊은 나이에, 무얼 해도 다 될 것 같고 할 것 같은 청년들이 짠하고 안쓰러워 죽겠다. 이 무슨 아이러니일까 싶지만 난 이제 '먹고살려고' 일하지 않는다.

나 역시 젊은 날, 수없이 같은 경험을 했다. 작은 의자에 앉아 몇 시간을 일하다 디스크가 터져 실려 갔지만, 허리의 통증보다는 일을 마무리 못 했다는 미안함에 연신 '죄송합니다.'를 말하며 병원으로 갔었다. 다음 날 복대를 차고 바로 복귀했는데 지금 생각하면 미련하기 그지없다. 열정적인 성향 탓에 열정페이를 얼마나 쓰고 다녔던지, 막 부려 먹는 줄 알면서도 윗사람에게 미소를 날리며 다음에도 불러주기를 기대하는 눈빛을 보냈다. 강사 시절, 어느 학교의 교장이 내 자료와 연구했던 내용들을 달라는 무례한 부탁을 들으면서도 난 '먹고 살아야 해서' 웃음으로 얼버무렸다. 심지어 다시 만나자는 그의 말에도 기회 되면 다시 뵙겠다고 말하며 상냥하게 응수했다. 하지만 그때의 치욕적인 감정은 지금도 기억하고 있다.

이런저런 일들을 겪어내며 먹고 사는 것도 중요하지만 먹고 사는 방법이 더 중요하다는 것을 깨달았다. 그리고 그 방법을 알기 위해 열심히도 공부하고 경험했다. '어떻게 먹고 살 것인가?' 이건 인생에 있어 정말 중요한 질문이다. '먹는 것'이라는 행위에 집중하지 않고 '어떻게 살 것인가?'에 초점을 맞추기 때문이다. '먹는 것'이 분명 중요하지만, 그보다 더 중요한 것들이 있다는 걸 지금은 안다. '사는 것'도 중요하지만 '제대로 사는 것'이 훨씬 더 가치 있다는 것도 안다. 긴 시간을 통해 체험으로 알게 된 것인데, 청년들은 아직 덜 살고 덜 경험해서 뼛속 깊이 알기 어렵다. 나와 비슷한 시간을 겪어내며 하나씩 하나씩 알아 갈 것이다.

청년이 청년일 때는 '먹고사는 것'이 부담스럽고 가끔은 그들의 목을 조여오기도 할 것이다. 먹고 사는 문제가 너무 커서 다른 것은 보이지 않고 모든 게 캄캄하게 느껴지기도 하겠지. 이제는 늙어버린 과거의 청년들이 만들어 놓은 힘에 부치는 사회의 역사가 미안하고 부끄럽기도 하다. 아무쪼록 덜 먹더라도 마음의 양식은 채워져 궁극적인 삶은 풍요롭기를, 그렇게 살아가며 오늘 하루도 기대가 되는 날이라 고백하는 우리 청년들이 되기를 축복한다. 내 딸이 행복해지기를 바라는 만큼, 모든 청년이 잘살아주기를 바란다.

무게는 느끼나 무게에 눌리지 않으며

　〈갯마을 차차차〉라는 나름 흥행했던 드라마의 남주인공 김선호가 바다를 등지고 읽던 것으로 유명해진 책이 있다. 헨리 데이비드 소로의 『월든』인데 세속적인 도시를 벗어나 바닷가 마을에 내려와 평화롭게 삶을 살아가는 주인공이 이 책의 작가 소로의 삶과 많이 닮았다. 또한 나의 최애 영화인 〈죽은 시인의 사회〉 속 명대사로 인용된 책이기도 하다. '죽은 시인의 사회'라는 모임을 할 때마다 반드시 읊조리던 대사인데, 삶의 본질에 대해 깊이 생각하며 방향성을 어디로 두어야 하는지 깊이 고민하게 만드는 글귀다.

I went to the woods because I wished to live deliberately, to front only the essential facts of life, and see if I could not learn what it had to teach, and not, when I came to die, discover that I had not lived.

나는 자유롭게 살기 위해 숲속에 왔다. 삶의 정수를 빨아들이기 위해 사려 깊게 살고 싶다. 삶이 아닌 것을 모두 떨치고, 삶이 다했을 때 삶에 대해 후회하지 말라.

-Henry David Thoreau

이렇듯이 책 『월든』은 고전으로 이름값을 제대로 하는 귀한 책이다. 책의 앞장부터 맨 뒷장의 마지막 문단까지 빽빽하게 표시하며 인덱스를 덕지덕지 붙이며 읽었다. 나의 인생철학과 사뭇 비슷해 소로에게 응원받는 기분으로, 시종일관 행복하게 읽는 시간이었다. 세속적이라고 표현한 도시로부터 2년여간을 떠나 숲속 가운데 월든 이라는 호수가 보이는 자리에 나뭇집을 짓고, 한 번도 해보지 못했던 농사도 짓고, 자연을 관찰하며 자기 생각과 감정을 풍부하게 써 내려간 소로의 일기 같은 에세이집이다. 책을 읽는 내내 나의 월든인 봉평이 계속 겹치며 이해하기 어렵지 않았다. 나의 노후를 꿈꿀 때의 공간적 배경은 대부분 봉평의 자연이기에 소로의 세밀한 감정 표현에 금세 동화됐다.

얼마 뒤 찾아간 봉평 부모님 댁은 화려하지만 겸손하게, 눈에 띄지만 어울리게 가득 핀 꽃들로 축제였다. 가만가만 조용히 핀 꽃잔디와 자기 색을 살며시 누르고 주변을 환히 밝혀주는 다양한 색의 진달래와 심심하지 않게 툭 튀어나온 조팝꽃까지 아름다움을 이야기하자면 월든 저리 가라 하게 이야기할 수 있다. 비단 꽃만 아름다우랴! 초록 잎이 가득한 웅성한 나무들과 비죽이 내민 오가피 새순이랑 두릅을 보자니 기특한 마음이 한량없다. 바닥은 또 어떠랴! 군데군데 나 있는 취나물과 쑥, 곰취 등이 지천으로 널려 우리들의 먹거리를 채워주고 있었다.

이런 마음으로 소로는 『월든』을 지었으리라! 자연에 감사하며, 자신 또한 그 자연의 작은 하나임에 겸손하며 낮아진 마음으로 경이로운 자연의 섭리를 바라봤을 것이다. 미국의 시골 풍경이든 한국의 봉평 풍경이든 자연 안에선 모두 같다. 미국인이든 한국인이든 어느 인종이든 인간으로서 사는 삶이 크게 다르지 않은 것처럼 말이다. 인간이라는 똑같은 범주 안에서 우린 왜 그리 종과 횡을 정하고 복잡하게 살아왔는지, 모두가 평등하며 질서에 순응하는 자연 앞에 인간인 나는 무색하고 겸연쩍었다. 책을 읽고 봉평의 자연을 한껏 만끽하고 돌아온 뒤, 나는 여전히 밀리는 종과 횡의 무게 앞에 서 있다. 그러나 내 마음이 다르다. 무게는 느끼나 무게에 눌리지 않는다. 간간이 한숨이 나오지만, 마음의 한숨은 느껴지지 않는다. 자연에서 얻은 응원과 힘 덕분일 것이다.

진시황을 지나, 나에게로 온 여행

　진시황에 대해 수업할 때마다 그의 무덤을 지키는 병사와 말을 볼 수 있는 〈병마용갱〉은 꼭 가보고 싶은 곳이라고 소개했다. 수천 년 전의 병사들이 그대로 굳어버린 듯한 그 장면은 책이나 영상으로만 봐도 경이로운데, 실제로 눈앞에서 마주하게 된다면 어떤 느낌일지 상상만으로도 가슴이 뛰었다. 갈 기회가 여러 번 있었지만, 패키지 관광처럼 다녀오고 싶진 않았고 조용한 감동 속에 진중한 여행으로 다녀오고 싶었다. 감사하게도 중국어를 너무나 잘하는 더군다나 중국에서 살다 온 현지인 보다 더 현지인 같은 중국어 선생님과 이곳을 여행할 기회를 얻었다. 넉넉하게 3박 4일의 여정으로 출발했으나 마지막 날에는 하루만 더 있고 싶은 아쉬운 마음으로 돌아왔다.

    두말할 것도 없이 <병마용갱>은 찬란했다. 사진으로 보던 웅장한 그 모습 그대로가, 이것을 만들던 2000년 전의 진나라 백성들이, 50년 과거의 세월과 앞으로 계속 발굴하게 될 현재의 사람들이 아름다웠다. 생각보다 규모가 크진 않았지만, 안에 있던 병마용들은 매우 세밀하고 정밀했다. 한 사람 한 사람의 생김새가 모두 달랐고 신분이나, 직위에 따라 모두 표현되었으며 감정도 얼굴에 드러나 있을 정도였다.

    1, 2, 3 호갱으로 나눠져 있으며 전시관마다 특색이 있었다. 1 호갱은 병마용갱의 모든 것이라고 할 만큼 크고 거대하며 많은 병마용이 전시되어 있었다. 그러나 관광하는 사람도 깔릴 만큼 많아서 빠른 움직임과 센스로 자리를 잡아야 했다. 경주 석굴암이나 그리스 파르테논 신전은 줄을 서서 지나가며 잠깐 봐야 해서 아쉬움이 많이 남았었는데 병마용갱은 일단 자리를 잡으면 내가 보고 싶은 만큼 볼 수 있었다.

    2 호갱과 3 호갱은 책으로 느끼지 못했던 특별한 발굴의 현장을 느낄 수 있는 곳으로 발굴 작업을 관찰할 수 있었고, 2 호갱에서는 다양한 병마용들이 유리

관에 전시되어 있어 가깝게 볼 수 있었다. 하지만 정면은 많은 인파로 보기 어려워 옆면이나 뒷면을 주로 보고 왔다.

    병마용갱을 보려면 차에서 내려 1.5킬로를 걸어야 하고, 다 본 뒤에도 1킬로 이상을 걸어서 나와야 대중교통을 이용할 수 있다. 들어갈 때는 중국의 공원을 느낄 수 있고, 나올 때는 식당이 즐비해 중국의 먹거리와 살 거리 등을 볼 수 있는데 우리도 나오면서 이곳의 대표 음식인 '방방면'을 먹고 대표 프랜차이즈 〈CHAGEE〉에서 음료를 마셨다. 이런 경험은 자유여행이니 가능하다. 다시 한번 현지인 같은 선생님에게 감사한다.

    뭐니 뭐니 해도 가장 인상적인 것은 2000년도 더 전의 역사적 유적에, 하루 사는 것도 버거운 작디작은 내 발걸음을 찍고 온 것이다. 두 개밖에 안 되는 눈으로 수천 개의 이야기를 눈에 담고, 그곳을 설명하는 한국어 음성 안내기에 온 신경을 기울여 듣고, 밀려드는 찌릿한 감동은 마음에 담아왔다. 진시황의 욕망으로 점철된 그의 삶의 한 자락을 느끼기에 충분했고, 인간의 헛된 바람의 현실을 보며 유의미한 것에 마음을 두기로 다시 확신한다. 나에게 〈병마용갱〉은 관광지가 아니다. 내 어린 시절 꿈의 현물이고, 가르치는 역사의 실존이다. 그러니 오랜 시간 가고 싶다고 노래한 것이리라! 가고 싶은 곳이 있는 것도, 그곳을 갈 수 있음에도, 동행할 사람이 있는 이 모든 이유로 감사하다.

자, 이제 어디를 노래해 볼까?

장안의 화제, 당현종과 양귀비

 역사를 가르치는 사람인지라 역사소설이나 역사영화를 무척이나 좋아해서 반복해 보는 영화들이 꽤 있다. 그중 <양귀비:왕조의 여인>이라는 판빙빙이 나오는 영화는 5번을 넘게 봤다. 일반적으로 당나라를 멸망하게 만든 악녀로 양귀비를 이야기하는데 이 영화는 그런 악녀가 되기까지의 인과적인 스토리가 있어 생각하며 보기 좋았고 더구나 양귀비 역의 판빙빙 배우가 너무나 예쁘고 현종 역의 나이 든 여명도 멋있었다.

 위진남북조시대를 통일한 수나라가 38년 만에 멸망하고 당나라가 세워지고 그 수도가 지금의 서안, 즉 옛 장안이었다. 얼마나 번성했는지 '장안의 화제'라는 말은 지금도 많이 회자된다. 동방무역의 중심지로 장안이라는 말 자체가 성공한 도시라는 의미로 서울시 동대문구에 있는 장안동도 '오래도록 평안하고 번영하기 바란다'는 '장안' 여기서 유래되었다. 또한 실크로드의 동쪽 끝 도시로도 유명하다.

    서안이 장안인 줄 모르고 갔다가 알게 되어 "꺅" 소리를 지르며 좋아했다. 내가 진나라뿐 아니라 수나라. 당나라의 수도까지 오고 만 것이다. 그래서 곳곳에 '실크로드'라는 단어들이 보였던 것이고, 하물며 공항 카페 이름조차 〈실크로드〉였던 것이다. 병마용갱을 보기 위해 가야 하는 지하철 역이름조차 〈화청지〉라니! '화청지'는 당 현종이 애첩 양귀비를 위해 만든 휴양 온천이라 기대 없이, 가다 들르는 곳 정도로 생각하고 방문했다. 게다가 비까지 오고 있어 우비를 입고 처량하게 관람해야 하는 고로 휙 하고 얼른 돌고 갈 생각이었다.

    입구에 웬 동상들이 이리 많은지 여기저기 현종과 춤추고 있는 양귀비의 동상이 있어 다소 산만하고 희소성이 떨어진다는 비판적 시각으로 출발했다. 비가 와서 그런지 입구에 사람이 없었고 기온도 기분도 으스스했다. 들어갔다가 쓱 보고 얼른 가자는 말에 네,

몇 개만 보고 가요라고 했다. 그렇게 우린 입장을 위해 얼굴 스캔을 당하며 아무것도 모른 채 안으로 들어갔다. 하지만 들어가 보니 눈에 들어오는 경관이 장관이다. 가을빛으로 물든 산등성이와 고전 속 역사가 어우러져 빗속에 촉촉하게 빛나고 있었고 연못과 버드나무와 작은 나무다리들이 마치 옛 중국영화 속에 들어온 듯한 착각을 불러일으켰으며 산과 비, 고즈넉한 전각과 정자들, 곳곳의 여러 색의 꽃들까지 커다란 정원이 우리 앞에 펼쳐졌다. 더구나 온천이 나는 곳이라 온천물 위로 피어오르는 연기가 그곳을 더욱 신비롭게 만들었다.

중국어 선생님 말씀으로는 이곳은 <서안 사건>의 주무대였다고 한다. 이 사건은 처음 들어봤는데 1936년 국민당과 공산당의 내전이 심각했을 무렵, 일본제국주의는 점차 중국 땅을 넘어 진군해 왔다. 외세가 침입하는데 집안싸움만 하는 것을 보다 못한 당시 국민당 총사령관 장쉐량은 공산군 토벌을 독려하려 서안 화청지에 머무르고 있던 국민당 총수 장제스를 감금하고 국공내전의 중지 및 항일 전선을 구축하기로 한 사건이 바로 서안 사건이다. 장제스가 감금되었던 숙소도 볼 수 있었는데 현종이 양귀비를 위해 만들어 준 목욕탕과 장제스가 목욕탕으로 쓴 욕조가 비슷해서 피식 웃음이 났다. 고대와 현대가 함께 공존하는 느낌이랄까? 교토에 갔을 때도 비슷한 느낌이었고 국내에서는 경주나 안동도 비슷한 분위기였다. 어디에 카메라 렌즈를 대던 그냥 농익은 가을이 찍혀 나왔다. 이 풍경에 묻어가려 나는 렌즈로 슬쩍 들어가 자연과 하나가 되고 싶었다.

<화청지>는 나에게 덤이자 보너스였다. 봐도 그만 안 봐도 그만인 곳이라 생각했으나 비 맞으며 봐도 너무나 아름다웠던 보너스였다. 돌아와서도 촉촉한 그곳의 향내와 분위기가 간간이 생각난다. 누가 뭐래도 현종이 양귀비를 절절히 사랑했음을 공기와 돌과 물과 나무가 기억하고 있기에 그곳을 지나치는 모든 손님에게도 그 사랑의 처연함이 묻어나서 그런 것은 아닐까! 화청지의 냄새가 잊히기 전에 <양귀비:왕조의 여인> 영화를 다시 봐야겠다.

어르신이 행복한 나라

몇 년 전부터 어른들을 위한 그림책이 쏠쏠하게 출판되며 노인을 위한 그림책도 출간, 도서관이나 노인 쉼터에서 대독도 하고 수업도 하고 있다. 다비드 칼리의 『인생은 지금』이나 주디스 커의 『누가 상상이나 할까요?』 등이 대표적이다.

나는 고은경 작가의 『사랑하는 당신』이란 그림책을 좋아한다. 주인공인 나이 지긋한 할아버지가 "나는 밥도 잘 먹고 약도 잘 챙깁니다. 그러니 걱정하지 말아요. 당신 빈자리는 당신 사랑으로 채웁니다."라고 사별한 아내에게 고백한다. 부인을 잃은 할아버지가 '사별 가족 모임'을 갔다 오며 독백하는 내용인데 생각할 여유도 없이 바로 울컥한다. 내 아버지 같고, 나 같고, 우리 모두의 이야기이기 때문이다.

한참 전이지만 9년 반 동안 노인대학 강사로 일했던 적이 있다. 어느 드라마에 나오던 대사처럼 난 아이들과 노인들을 보면 무한 애정이 솟아오른다. 그래서였는지 강사로 일하면서 이분들을 원 없이 사랑했고 섬겼다. 원래는 대독 서비스만 하면 되는 수업이었지만 어르신들에게 맞는 체조와 스트레칭을 알아보고 이분들에게 좋은 정보들을 공부해 전달해 드리며 잔소리도 하고 가끔은 떡도 돌리며 서로 사랑했다. 어르신들이 사랑스러운 존재라는 걸 배운 시간이었고 그들의 노후가 건강하고 행복하길 진심으로 바랐다. 그 시절, 지금도 아름다운 추억으로 기억한다.

맛집이 있어 퇴근 후에 동료들과 강남에 갔다가 강풍에게 뒤통수를 대차게 얻어맞고 후식은 백화점 지하에서 추위를 피해 안전하게 먹기로 했다. 요즘 〈폴 바셋〉의 음료와 아이스크림에 빠져있어서 당연히 그리로 향했고 요즘 시그니처인 뱅쇼와 아이스크림 라테를 주문했다. 담소를 나누는데 옆 테이블의 사람들이 가고 그 자리에 어느 할머니가 오셨는데 이후로 나는 이분만 바라보게 되었다. 누추한 옷차림에 검은 가방을 소중하게 챙기고 계셨다. 카페인데도 음료는 시키지 않고 손에 있는 과자를 뜯어 드시고 계셨다. 뜯으면서 몇 개의 과자가 바닥으로 떨어졌고 그분은 떨어진 과자를 물끄러미 바라보셨다. 나는 이분에게서 눈을 뗄 수 없었다. 이분은 카페에 앉아 있는 것이 불편했는지 의자의 1/3 정도만 엉덩이를 걸쳐 아주 불편하게 앉아계셨고, 배가 고프셨는지 쿠키를 드시고 계셨는데, 우걱우걱 드셔서 목이 멜 것같아 보였다. 난 이분께 음료를 사드리고 싶다는 생각과, 나의 호의를 불편해하실 거라는 마음 사이에서 갈등했다.

   이분을 그냥 보내면 마음에 기억될 것 같아 난 벌떡 일어나 뱅쇼 하나를 주문했다. 짧은 시간 동안 이분은 불안한지 자리를 계속 이리저리 이동하셨고, 아직 음료가 나오지도 않았는데 일어나시길래 나도 모르게 얼른 다가갔다.

   "어르신, 제가 마음대로 어르신 음료를 시켰어요. 따뜻한 음료가 조금 있으면 나올 거니 드시고 가서요."라고 말씀드렸고 이분 반응이 어찌 나올지 몰라 긴장했다. 혹시 나를 때릴 수도 있고 언짢다고 화를 내실 수도 있으니 말이다. 다행히 화는 안 내셨지만 작게 웅얼거리며 "아니야, 아니야."를 말씀하시고 손사

래를 치셨다. 그 사이로 보이는 어르신의 입속에는 이가 다 빠져 송곳니 하나만 보였고, 삶의 고단함이 얼굴에 한가득 어려있었다.

가슴이 아팠다. 이런 얼굴 낯설지 않다. 지난주 내내 새벽기도 가면서 마주쳤던 폐지 줍던 어르신의 얼굴과 흡사했다. 그 이른 시간에 폐지 줍는 어르신이 있을 거라고는 생각도 못 했었다. 참 짧은 소견을 가진 나다. 그분들을 보면서, 이 어르신을 보면서 마음이 쓰리다. 노인이 잘사는 나라가, 어린이들이 행복한 나라가 되어야 하는 건데, 노인은 늙어서까지 벌어먹기 위해 고생하고, 아이들은 다 크기도 전에 앞으로 벌어먹기 위해 고생하는 나라가 돼버렸다. 나의 작은 도움을 물리치고 가버리신 어르신께 무안스럽기도 하고 죄송하기도 했다. 사실 내 부모는 아니나 우리의 부모라는 생각이 든다. 작년 우리 교회 아이들과 쪽방촌을 방문했던 것도 생각나고, 노인대학에서의 추억도 생각나는 복잡 미묘한 시간이었다.

나는 다음에도 이런 노인분을 만나면 똑같이 행동할 것이다, 지난번 뱅쇼는 내가 다 마셨지만 그래도 나는 다시 주문해 드려 볼 거다. 잠시라도 편히 앉아서 쉬실 수 있게 말이다. 쿠키를 쑤셔 넣듯 드시지 않게 말이다. 목이 메지 않고 음료를 드시도록 말이다. 그러면서 내 엄마도 어느 곳에 가든지 나 같은 사람이 있어 돕는 손길이 있기를, 더 나아가 노인들을 홀대하는 사회가 아니라 그들의 역사를 존중하고 존경하는 사회로 변화하길 바란다. 내 나이의 어른들이 노인들을 배려하는 모습을 보여 후대의 청년들이 그 모습을 보며 배우고, 자라나는 어린이가 또다시 답습해서 늙으면 죽어야지, 어디 하나 쓸 데가 없다고 탄식하는 소리가 사라지길 간절히 바라본다.

무엇을 쥐고 있는가

　지난 주말, 문화생활을 열심히 하시는 선생님의 초대로 롯데 콘서트홀에서 하는 정명훈 님이 지휘하는 오케스트라 공연을 관람하러 갔다. 지하철로 공연장에 가는 길에 젊은 남자 앞에 나이가 제법 있는 어르신이 들어와 서더니 자리를 비켜주지 않는다고 호통을 치기 시작했다. "내가 어떤 사람인 줄 알아? 내가 있어서 이 나라가 있는 거야!"를 외치며 무례하게 굴었는데 젊은 남자는 처음에는 못 들은 척하다가 못 견디겠는지 "왜 이러세요?"하고 말했다. 그 순간, 어르신은 남자의 뺨을 때렸고 사람들은 소리를 질렀고 난 내 눈을 의심했다. 그 상황이 믿기지 않았다. 다른 사람들은 슬금슬금 옆으로 비켜 나갔고 금세 작은 공간이 만들어졌다. 나는 젊은 남자의 편을 들어주어야겠다는 생각에 자리를 지키고 서 있었는데 그 순간에도 어르신은 고래고래 소리를 질렀고 젊은 남자는 욱해서 대들려다 그냥 일어나 다른 칸으로 이동했다. 내 앞을 지나갈 때 "잘 참으셨어요."라며 어르신 귀에 들리게 말하며 그분을 향한 작은 분노를 표현했다. 태극기를 손에 든 그분의 행동은 안타깝게도 타인을 존중하지 않는, 자기 세계에 갇힌 모습이었다.

 그렇게 공연장에 도착해 많은 사람들 속에 이미 기가 빠진 채로 앉아 나오는 하품을 참고 있으니, 공연이 시작됐다. 그럼에도 〈정명훈〉이라는 세 글자에 기대하고 몽글몽글해지는 마음을 느끼며 허리를 꼿꼿이 세웠다. 10년여 전에 만났던 정명훈 님은 강력한 멋짐으로 힘이 넘치는 지휘를 보여주셨지만, 나에겐 어려운 음악이었고 그분을 높은 장벽으로 느꼈다. 70살이 넘은 지금도 여전하실까? 하는 궁금증으로 정명훈 지휘자님을 맞이했다. 다행히 그분의 표정과 몸짓까지 아주 가까이에서 볼 수 있는 자리여서 감사했고 2시간 남짓 자세히 관찰할 수 있었는데 연주 내내 마치 발레리노처럼 우아하게 춤을 추는 무용수 같았다. 지휘봉을 손에 든 한 마리의 나비 같은 그 분의 몸짓에 따라 연주자들은 한 자락의 바람처럼 같은 방향으로 움직이곤 했다. 가장 끝에 있는 8대의 콘트라베이스 연주자들은 황소바람 같은 격렬한 몸짓으로 시선을 사로잡았고, 비올라와 바이올린은 나비 옆에서 살랑살랑 부는 꽃샘바람 같았다.

70대가 넘는 노인이 된, 지휘봉을 손에 들고 나비처럼 유연한 몸짓으로 이리저리 흔드는 그와 지하철에서 태극기를 손에 들고 소리치던 몸짓이 겹치며 내 머릿속을 스쳐 갔다. 물론 난 '사람' 정명훈을 모른다. 하물며 개인적으로 태극기 부대를 만난 적도 없다. 하지만 연주 내내 '70대 노인'과 '손에 들고 있다'는 이 두 가지의 공통점으로 사람을 생각하고 있었다.

손에 무얼 잡느냐에 따라 달라지는 행위와 그 행위가 모여 만들어지는 삶의 향방과 그 향방으로 정해지는 무게 가치, 그러면서 내 손을 바라보았다. 가방과 외투를 꼭 껴안은 내 손은 지금껏 살면서 무얼 잡으려 애썼는지 그리고 잡고 살았는지를 생각하게 했고 악기를 손에 들고 정성스럽게 연주하는 연주자들을 바라보면서도 같은 생각이 들었다.

소용의 가치

'난 참 소용없는 사람인 가봐!' 얼마 전 나를 한없이 우울하게 만들었던 생각이다. 이 생각에서 벗어나려 집을 박차고 나와 밤에는 먹지 않던 커피를 마시고, 열심히 걸었던 기억이 있다. 걷는 동안 마음속에서 작은 저항이 피어올랐고, 그 감정이 나를 조금씩 다시 일으켜 세웠다.

'소용'이란 쓸 곳, 또는 쓰이길 바라는 뜻이다. 다시 말해 효용성이라고 하기도 하고, 인간에게 접목하면 자기효능감이라고 말할 수 있다. 자기효능감이란 특정한 상황에서 적절한 행동을 함으로써 문제를 해결할 수 있다고 믿는 신념 또는 기대감을 말한다. 이것은 단순한 자존감과는 다르다. 자기효능감은 내가 어떤 일에 실제로 영향을 미칠 수 있다는 믿음에서 비롯되며, 따라서 자기효능감이 높을수록 우리는 스스로를 더 긍정적으로 바라보고, 삶의 주도권을 느낄 수 있다.

우린 이건 이래서 소용없다고, 저건 저래서 소용없다고 이야기한다. '소용 있어'라는 말보다는 '소용없다'는 말이 익숙한 걸 보니 우리의 정서는 소용이 없다는 부정적 뿌리가 강하다고 볼 수 있다. 이상하게도 지금 사회는 존재보다 가치가, 나의 가치 기준보다 타인의 가치 기준이 더 중요한 세상이 되었다. 심지어 결혼조차도 사랑의 밑바탕이 흔들리고, 너와 내가 합치면 더 큰 소용이 만들어지는가의 기준으로 이루어지고 있다니 참으로 씁쓸하다. 어찌 우리 감정이 한낱 소용의 가치로 움직여지게 되었는가! 개탄스러워지는 이때다.

내가, 아니 우리가 지어진 목적을 알고 있다면 우리가 얼마나 작은 존재인지 알게 되고, 내가 하는 모든 살기 위한 발버둥이 위대함을 이해하게 된다. 우리는 주인공이 되어 자신의 인생에 깊숙이 들어가 매일매일을 살아내고 있으니 지엽적인 시각으로 나를 보게 된다. 그러니 지지고 볶는 자신이 실망스러울 수 있다. 그러나 다른 이의 인생이나 책을 통해 바라보는 남의 인생은 인생을 통틀어 이야기하고자 하는 것이 무엇인지 거시적인 시각으로 바라보니 그 인생의 소용을 알 수 있다. 그러니 좀 더 여유롭고 탄력적으로 이해하고 품어주게 된다.

그렇다면 자신의 삶을 넉넉히 품으며 자신의 효용가치를 알려면 어떡해야 할까? 앞서 말했듯이 자신의 지어진 목적을 아는 것이다. 나는 스스로 태어난 것이 아니다. 난 종종 임산부들이나 아기엄마들에게 이야기한다. "아이에게 바랐던 첫 목적과 바람을 잊지 마세요."라고. 이 마음을 잊으니, 아이들을 그리 쥐잡듯 잡는 것이다.

나는 이 세상에서 행복하고 평안하기 위해 온 존재다. 고생만 하다, 수고만 하다, 걱정만 하다 갈 인생이 아니란 것이다. 마찬가지로 불평할 시간에 불편한 문제를 해결하고, 불만을 말할 시간에 불만의 원인을 생각할 거다. 깊은 우울함이 올라와 나를 덮으면 가을색으로 덮인 주위로 눈을 돌리며 자연을 주심에 감사하려 노력할 거다. 나무의 자연에 대한 순종과 감사와 아름다움을 느끼며 어딘가 숨어있을 나의 겸손함을 찾을 것이다.

내 가치는 분명히 있다. 나는 소용 있는 사람이다. 다만 나 스스로가 그 소용을 채우려 끊임없이 노력하며 살고 싶지 않다고 선택한다. 소용 가치가 있음을 분명히 인식하고, 나 스스로에게 가치가 있는 사람임을 반복해 알려주는 거다. 그러면 지금 지나치는 단풍나무처럼 어쩔 수 없는 변화에도 시끄럽지 않고 무거운 추를 잡고 살아갈 수 있을 것이다. 내가 지어진 목적 그대로를 느끼며 그것만 가슴에 품자. 그러면 세상 두렵지 않고 나의 효용가치는 상상 이상으로 올라갈 것이다.

그러니까, 오늘도 나는 괜찮습니다

그러니까, 오늘도 나는 괜찮습니다
ⓒ 이영자

초판 1쇄 2025년 6월 19일

지은이 이영자
펴낸이 박수현
펴낸곳 바람길
편집, 디자인 박수현
표지 서윤희
글씨 김기태

출판등록 2017년4월4일(제2017-13호)
주　　소 서울 중랑구 망우로 58길 33-6 101-302
전　　화 02-434-6449
전자우편 baramgilbooks@naver.com

ISBN 979-11-979370-8-8 03810

이 책의 내용 전부 또는 일부를 재사용하려면
반드시 지은이와 바람길 양측의 동의를 받아야합니다.